BRUNO GIMENES

SINTONIA DE LUZ

APRENDA A DESENVOLVER A SUA ESPIRITUALIDADE

Nova Petrópolis/RS - 2021

Copyright © 2020 by Luz da Serra Editora Ltda.

Todos os direitos reservados. Nenhuma parte desta obra pode ser reproduzida ou transmitida por qualquer forma e/ou quaisquer meios (eletrônico ou mecânico, incluindo fotocópia e gravação) ou arquivada em qualquer sistema ou banco de dados sem permissão escrita da Editora.

CAPA E PROJETO GRÁFICO:
DESENHO EDITORIAL

EDITORIAL:
LUANA AQUINO
ESTEFANI MACHADO
TATIANA MULLER

DADOS INTERNACIONAIS DE CATALOGAÇÃO NA PUBLICAÇÃO (CIP)

G491s   Gimenes, Bruno.
           Sintonia de luz : aprenda a desenvolver a sua espiritualidade / Bruno Gimenes. – Nova Petrópolis : Luz da Serra, 2021.
           168 p. : 23 cm.

           Inclui bibliografia.
           ISBN 978-65-88484-11-1

           1. Autoajuda. 2. Desenvolvimento pessoal. 3. Espiritualidade. 4. Pensamento. 5. Sucesso. 6. Consciência. I. Título

           CDU 159.947

Índice para catálogo sistemático:
1. Autoajuda   159.947

(Bibliotecária responsável: Sabrina Leal Araujo – CRB 8/10213)

LUZ DA SERRA EDITORA LTDA.

Avenida 15 de Novembro, 785
Bairro Centro - Nova Petrópolis / RS
CEP 95150-000
loja@luzdaserra.com.br
www.luzdaserra.com.br
www.loja.luzdaserraeditora.com.br
Fone: (54) 3281-4399 / (54) 99113-7657

SUMÁRIO

OBSERVAÇÕES IMPORTANTES
7

PREFÁCIO
9

INTRODUÇÃO
Falando de espiritualidade
15

CAPÍTULO I
Refletindo sobre os conceitos de espiritualidade
21

CAPÍTULO II
Atos falhos da coletividade
33

CAPÍTULO III
Começando a mudar o pensamento
61

CAPÍTULO IV
A busca da orientação interior
77

CAPÍTULO V
Espiritualidade com simplicidade
83

CAPÍTULO VI
Transformando a espiritualidade em sucesso pessoal
95

CAPÍTULO VII
Perguntas e respostas sobre o tema
107

CAPÍTULO VIII
Construindo uma sintonia de luz
125

CAPÍTULO IX
Avalie-se
135

CAPÍTULO X
Dicas de consciência
145

CAPÍTULO XI
Mensagem final
151

FONTES CONSULTADAS
165

OBSERVAÇÕES IMPORTANTES

O material apresentado neste livro não esgota o assunto referente ao tema. A proposta não é semear discussões de ordem técnica, tampouco defender quaisquer teses científicas. Trata-se de uma proposta bem-intencionada, no sentido de estimular as pessoas a refletirem sobre a necessidade que temos de nos espiritualizarmos, de forma simples, leve e amorosa.

Busca, de maneira prática e descomplicada, mostrar que a espiritualidade de cada pessoa é seu próprio estado de consciência e que, quanto mais for nutrida, menor será o sofrimento durante a vida, maior será a alegria e a liberdade.

Sobretudo, este livro tem o propósito de ajudar as pessoas a se ajudarem, eliminando a vitimização e a autopunição. Busca também esclarecer que se espiritualizar é um pré-requisito necessário para qualquer pessoa que queira superar os mais difíceis desafios da vida, conquistando felicidade de forma real, concreta, não dependendo de bens materiais, de terceiros, de lugares ou de quaisquer recursos externos. Tudo por meio de dicas simples, já que Deus é igualmente simples.

Ninguém externamente pode completar, dentro de nós, um vazio, que nós, pelo nosso descaso ou descuido consciencial, geramos. Se criamos internamente esse vácuo na alma, também é internamente que conseguiremos encontrar soluções para abastecer esse vazio.

Ninguém externamente pode completar, dentro de nós, um vazio, que nós, pelo nosso descaso ou descuido consciencial, geramos.

Se criamos internamente esse vácuo na alma, também é internamente que conseguiremos encontrar soluções para abastecer esse vazio.

@BRUNOJGIMENES

PREFÁCIO

Há muitos anos, iniciou-se um movimento silencioso chamado Nova Era, um plano divino com a proposta de recuperar a angelitude da alma humana. Os Grandes Mestres se disponibilizaram imediatamente para que esse plano fosse cumprido. Seres de Luz, que já nem precisavam estar por aqui, em sua compaixão, ofereceram-se para nos auxiliar e conduzir na senda da espiritualidade.

Esse período de transição para uma nova forma de pensar e agir está acontecendo justamente neste instante. Então eu questiono: você sabia desse fato? Se não sabia, está literalmente "por fora" ou "profano", visto que essas duas expressões possuem o mesmo significado.

A Nova Era ou século XXI se caracteriza pela consciência de grupo, pela unicidade, pela comunhão, pelo total equilíbrio da mente e das emoções.

No mundo profano em que vivemos atualmente, observo as expressões entristecidas e insatisfeitas de meus irmãos. Choros, lamentações, turbilhões de emoções malsentidas e malresolvidas e uma grande dificuldade de interpretação dos sinais do universo.

Já viemos preparados – de fábrica – com nosso manual de instruções para interpretar as dicas que recebemos do universo a cada instante. Porém, nosso sinal está fora de sintonia, como um rádio com interferência.

Nós, seres humanos, fazemos parte de um incalculável organismo vivo que chamamos de universo ou Deus. Somos uma pequena partícula desse Todo, construídos à imagem e semelhança da Grande Luz Cósmica. Porém, tornamo-nos tão materiais que nos esquecemos do nosso espírito, e foi nesse momento trágico de nossa história que, por meio do livre-arbítrio, criamos nosso principal inimigo: o ego negativo, um sistema de crenças baseado na insegurança, no medo, na individualidade e na separação. Com isso, tornamo-nos egocêntricos. O ego negativo atrapalha nosso sinal, gerando interferências em nossa Sintonia de Luz, desalinhando-nos de nosso princípio divino, do objetivo pelo qual estamos aqui: a evolução, a obra, o trabalho espiritual.

Na Grande Era de Luz que se aproxima, a principal moeda será a energia das boas vibrações; o lucro será o amor; a esperteza significará ser feliz; e o sucesso consistirá em estar em comunhão. Por isso, amigo leitor, é hora de agir. Você possui internamente sabedoria e força natural para enfrentar todos os desafios da sua vida.

Mãos à obra! Vá à luta para purificar todos os sentimentos densos que lhe impedem de ser plenamente feliz.

Aja.

Empenhe-se.

Liberte-se.

Voe alto.

Mais alto...

Abandone os grilhões da ilusão material e da ignorância que o empurram cada vez mais para baixo.

Viva.

Sorria.

> Abandone tudo aquilo que o incomoda.
> Não seja mais um na coletividade,
> fazendo as mesmas coisas e repetindo
> as mesmas frases e ditados populares
> há séculos e séculos.

Crie.

Cocrie.

Você possui um corpo físico com os cinco elementos perfeitos da natureza de Deus: fogo, terra, água, ar e amor, muito amor, que podem ser combinados de infinitas maneiras para manifestar o universo dentro de você.

Equilibre-se.

Abandone tudo aquilo que foge à sua natureza: de imposições alheias a sapatos apertados. Você tem todo o direito de escolher o que quer para si e de ser quem realmente é: a luz divina em ação.

Sintonize-se na luz, busque sua essência espiritual, torne-se grandioso da maneira como você puder. Talvez, de forma simples, estendendo a mão a alguém. Você perceberá os resultados imediatamente: uma farta colheita de felicidade. Nesses momentos, conseguimos sentir a vibração radiante de todas as nossas células, como se estivessem aplaudindo nossas atitudes amorosas. Comece elevando sua energia, seu sorriso, suas atitudes, e perceberá que todos à sua volta manifestarão os mesmos resultados. Seja o Sol irradiando luz a cada manhã, e essa luz voltará para você cada vez mais. E então, você se tornará um centro radiante de luz, iluminando o dia daqueles que estão por perto!

Fico extremamente feliz por mais essa maravilhosa obra do meu amado irmão Bruno, pois aqui você terá todas as orientações para se encontrar. Porém, é necessário acionar seu coração para ler este livro, pois somente sentindo, vivenciando e experienciando é que conseguimos adquirir maturidade e discernimento para sabermos a direção correta a ser seguida.

Mergulhe profundamente nas próximas páginas e descubra um mundo novo e colorido. Descubra o lindo ser que você é: amoroso e cheio de perspectivas para a construção de sua própria felicidade.

Abandone o ego; marque um encontro com a humildade; dissolva a ignorância; ame incondicionalmente e pronto: você está sintonizado na Luz!

Com amor,
Patrícia Cândido[*]

Abandone tudo aquilo que foge à sua natureza: de imposições alheias a sapatos apertados.
Você tem todo o direito de escolher o que quer para si e de ser quem realmente é: a luz divina em ação. Sintonize-se na luz, busque sua essência espiritual, torne-se grandioso da maneira como você puder. Talvez, de forma simples, estendendo a mão a alguém. Você perceberá os resultados imediatamente: uma farta colheita de felicidade.

---

[*] Patrícia Cândido é filósofa e escritora best-seller com 17 obras publicadas. Cofundadora e CEO do Grupo Luz da Serra. Embaixadora Mundial da Fitoenergética, sistema de cura reconhecido pelo Ministério da Saúde como uma prática integrativa e complementar do SUS.

Desenvolvermos a espiritualidade é entendermos que os pensamentos tornam-se coisas e são os geradores das realizações, já que podem construir, quando positivos, e destruir, quando negativos. Cultivarmos a espiritualidade é percebermos que Deus está no simples; logo, presente em tudo. Preservarmos a espiritualidade é respeitarmos a natureza de cada ser.

@BRUNOJGIMENES

INTRODUÇÃO

FALANDO DE ESPIRITUALIDADE

Ao começar a escrever este livro, pensei: "Nossa! Falar de espiritualidade é falar de Deus! Será que eu, um ser humano como qualquer outro, terei capacidade de comentar esse tema?"

Esse questionamento começou a me invadir por algum tempo, como um mantra que soava em minha mente. Isso me levou a uma constatação importante: a maioria das pessoas considera Deus algo magnânimo. O que é correto. No entanto, ao colocarem-No no mais alto nível hierárquico, acabam considerando-O intocável, criando um grande e equivocado distanciamento. Confundem grandiosidade com complexidade, cultuando, dessa forma, um Deus distante por Sua superioridade.

Nós somos Deus em Sua essência, criados à Sua imagem e semelhança. Temos em nosso interior toda a força da divindade, que anseia por se desenvolver, crescer, evoluir.

A impressão criada quando se fala de buscar a espiritualidade é de que essa Fonte se encontra no externo. Mas, na verdade, buscar a espiritualidade é trilhar o caminho do conhecimento interior, com o objetivo de desvendar os mistérios do mundo imaterial e de outras dimensões que interagem com o plano material.

Quando essa interação acontece, nosso universo, tão grandioso e inteligente, envia sinais o tempo todo para que possamos evoluir mais a cada dia. Como geralmente não estamos treinados ou educados para reconhecer a comunicação extrafísica, não captamos as mensagens e aumentamos o sofrimento.

Nossa base consciencial, influenciada pelo mecanismo materialista, egocêntrico e cético, conduz-nos apenas para reconhecer as situações limitadas ao plano físico.

Buscar a espiritualidade é proporcionar a si próprio a remoção de dogmas e paradigmas do inconsciente coletivo, os quais limitam o alcance da percepção, mantendo-nos escravizados no universo das possibilidades limitadas da terceira dimensão, da ignorância e do sofrimento.

Tornarmo-nos espiritualizados é percebermos a verdadeira causa da existência e da consciência divinas. É compreendermos que somos seres em evolução.

Desenvolvermos a espiritualidade é entendermos que os pensamentos tornam-se coisas. São os geradores das realizações, já que podem construir, quando positivos, e destruir, quando negativos.

Desenvolvermos a espiritualidade é aprendermos a contemplar Deus sem almejarmos nada em troca, gerando gratidão pela vida, independentemente das situações vividas, porque essa simples fusão nos trará harmonia.

Cultivarmos a espiritualidade é percebermos que Deus está no simples; logo, presente em tudo.

Propagarmos a espiritualidade é querermos que as boas coisas aconteçam com todos e em todo o planeta.

Compartilharmos a espiritualidade é desenvolvermos a compaixão e a boa-aventurança.

Preservarmos a espiritualidade é respeitarmos a natureza de cada ser.

Beneficiarmo-nos da espiritualidade é adquirirmos um estado de consciência que nos dá forças para enfrentarmos os desafios do dia a dia e seguirmos em frente na caminhada evolutiva.

Encontrarmos a espiritualidade é estarmos abertos a todos os caminhos que nos levam ao crescimento espiritual. É sofrermos menos, sermos mais felizes, sermos saudáveis, prósperos e termos o espírito radiante.

DESPERTANDO A SUA ESPIRITUALIDADE

O principal objetivo deste livro é mostrar que:

- ✔ O desenvolvimento da espiritualidade é um caminho natural da existência, e situações inevitáveis na vida, sejam elas positivas ou negativas, sempre vão acontecer com o intuito de promover desenvolvimento humano em todos os sentidos.
- ✔ A espiritualidade é um estado de consciência que adquirimos com treino, dedicação e intenção, mas que precisa estar aliada à amorosidade que vive em cada ser.
- ✔ Através do crescimento dessa consciência, todas as respostas podem ser encontradas, já que a espiritualidade é a verdade do espírito.

Começando este livro assim, a impressão que posso passar é de que estou tentando evangelizar, doutrinar você. No entanto, não é esse o objetivo, mesmo porque eu não tenho competência para isso, tenho apenas dedicação e intenção para proporcionar uma reflexão construtiva no seu universo de valores. Portanto, o objetivo é falar de espiritualidade de forma livre, leve, amorosa, sem determinismos.

Este livro pretende mostrar que a espiritualização se dá por meio do desenvolvimento dessa consciência, que, se bem evoluída, pode ser um passaporte para uma vida feliz. Vale destacar que essa caminhada não depende de religiões, dogmas, doutrinas ou linhagens espiritualistas, porém, se quisermos utilizá-las com discernimento, poderão ser ferramentas poderosas.

Nos consultórios de terapia, 90% de quem sofre profundas tristezas e desgostos são pessoas malresolvidas em sua espiritualidade, enquanto as espiritualizadas são mais felizes de verdade e adoecem menos. Quando sofrem problemas de saúde, este estado de consciência espiritual as alavanca para uma cura mais rápida e profunda. A maioria dos casos de curas miraculosas de doenças, da história da medicina em geral, normalmente ocorreu com pessoas que buscavam essa consciência, portanto, pessoas espiritualizadas têm mais chances de encontrar a cura de doenças.

Pretende mostrar que, nos consultórios de terapia, 90% de quem sofre profundas tristezas e desgostos são pessoas malresolvidas em sua espiritualidade, e que as espiritualizadas são mais felizes de verdade e adoecem menos. Quando sofrem problemas de saúde, este estado de consciência espiritual as alavanca para uma cura mais rápida e profunda. A maioria dos casos de curas miraculosas de doenças, da história da medicina em geral, normalmente se deram em pessoas que buscavam essa consciência, portanto, pessoas espiritualizadas têm mais chances de encontrar a cura de doenças.

As pessoas espiritualizadas encontram mais recursos para tomar decisões sábias, e quando escolhem caminhos errados, aprendem com seus erros e evoluem com as adversidades. Aprendem a reconhecer os sinais do universo para evoluir e entendem que não existem vítimas, nem culpados, tampouco vilões. Eles sabem que são senhores de seus destinos.

Todos esses argumentos seriam mais do que suficientes para convencê-lo de que este livro pode ser uma boa dica para ajudar a sua vida a melhorar e, já sendo boa, atingir excelência. Um dos objetivos é que você não se convença com a sua mente, não acate esses argumentos racionalmente, no entanto, que o seu ser interior, seu Eu superior e seu coração sintam que pode ser uma boa.

O objetivo maior é falar de espiritualidade livre de dogmas, paradigmas, sem conotação religiosa, com os pés bem calçados no discernimento, sem determinismos e convicções perpétuas, mas com amorosidade, unindo ciência e espiritualidade em prol de nossa evolução. Com isso, será possível criar movimentos condizentes à natureza de Deus, principalmente com muita paz no coração, porque, se não for assim, não pode ser espiritualidade verdadeira.

Sobretudo, abra seu coração, mergulhe na proposta deste livro, aprenda o que lhe for conveniente para este momento, exclua o que você não concordar, do que não gostar ou aquilo que não achar importante. E, para o seu crescimento pessoal e o bem de todos, coloque em prática o que julgar importante. Se puder, repasse para o maior número de pessoas.

Acima de tudo, que a Luz Divina o abençoe muito, que você tenha muita paz no coração e discernimento de sobra para transformar a sua vida em uma história de absoluto sucesso. E a minha dica é: se você quiser conseguir esse sucesso de verdade, real e duradouro, precisará se espiritualizar.

Desejo, com todo o meu coração, que *Sintonia de Luz* lhe seja uma ótima contribuição no sentido desse sucesso!

Ótima leitura.

Com carinho,
Bruno J. Gimenes

Se sua felicidade depende de alguém, seja neto, filho, namorado, esposa, marido, pai, mãe etc., acredite: você é um obsessor vivo da pessoa da qual acha que depende para ser feliz.

@BRUNOJGIMENES

CAPÍTULO 1

REFLETINDO SOBRE OS CONCEITOS DE ESPIRITUALIDADE

O ESPIRITUALISTA E O MATERIALISTA

Falar de espiritualidade traz a crença de que este tema se reduz a termos como reencarnação, carma, dharma, espíritos, entre outros. A espiritualidade é encontrada nas coisas simples da vida, por isso é também mais abrangente. Para melhorar esse entendimento, vamos esclarecer alguns conceitos:

O QUE É UMA PESSOA ESPIRITUALIZADA OU ESPIRITUALISTA?

Alguém que tem uma conduta de vida baseada não somente nas leis da matéria ou do plano físico. É quem busca respostas no silêncio de uma oração, que compreende que sucesso é muito mais do que meras conquistas materiais. Ser espiritualista é viver a vida considerando a força de uma energia divina, invisível a olhos nus. É saber da importância do pensamento positivo e suas consequências, é compreender a força de uma oração e entender que temos uma missão pessoal e coletiva nesta vida e buscar uma conduta nessa direção.

Ser espiritualista é saber-se eterno, que todos neste mundo somos um, que o amor é a nossa meta maior. Ser espiritualista é estar aberto ao contato direto com a Fonte Divina, aprendendo a cada dia mais através da intuição, da meditação e dos momentos de silêncio que cada ser precisa buscar. Ser espiritualista é viver aqui na Terra com propósito sintonizado com a Vontade Maior, e isso quer dizer ter um estilo de vida pautado em basicamente aprender, ensinar e ajudar.

Ser espiritualista é buscar a felicidade, a abundância e a liberdade de pensamentos.

E UMA PESSOA MATERIALISTA, O QUE É?

Alguém que tem como diretriz de vida a busca por bens e acontecimentos de ordem material e que não possui, em sua gama de valores, a consciência de que somos muito mais do que um corpo físico. Dessa forma, todas as suas crenças e todas as suas atitudes são alinhadas a essas convicções.

Neste momento da história da Humanidade, estamos vivendo um período mágico no que se refere à liberdade, em todos os sentidos, proporcionando à grande maioria das pessoas que busquem sua espiritualidade onde quiserem, da maneira como quiserem, sem medos ou culpas.

Sempre que falamos em espiritualidade, é comum haver essas comparações entre ser espiritualista e ser materialista. Acho importante falar mais sobre essa comparação.

É possível sermos materialistas e espiritualistas ao mesmo tempo. Ou seja, valorizarmos o mundo físico e nossas conquistas materiais e sermos plenamente desenvolvidos em nossa espiritualidade. Se vivemos em um mundo material, com tantos recursos que deixam nossa vida cada vez menos sofrida e mais confortável, por que não aproveitarmos essas dádivas? Um carro para se locomover, uma boa casa para morar, a internet, o telefone são facilitadores de nossa vida cotidiana. Então, por que abrir mão das coisas boas aqui da Terra?

O grande problema por trás disso tudo é que as pessoas se fascinam tanto com bens de consumo e posses, que acabam se hipnotizando. Essa hipnose provoca total afastamento de sua essência espiritual, reforçando aspectos inferiores da personalidade, como, por exemplo, o apego, a ambição e a vaidade. O mais adequado nessa situação é a pessoa batalhar pelas conquistas materiais, porém jamais tê-las como prioridade número um em sua vida.

As pessoas em leito de morte nos hospitais do mundo todo, em seus últimos diálogos, jamais reclamam por não terem conseguido comprar um bem, tampouco por terem investido errado. Não se lamentam pela pobreza em que viveram. Nessa situação, normalmente se queixam porque não conseguiram em vida dizer que amavam uma pessoa, ou porque não perdoaram uma outra, ou por não valorizarem as coisas simples da existência.

Acredito que só iremos saber mesmo se somos completamente espiritualizados, ou seja, só iremos ser profundamente testados nessa questão, quando chegarmos ao fim de nossa existência com leveza, consciência, paz e gratidão por tudo. Penso que esses são os maiores indicadores de uma vida vivida com bases espiritualistas, já que pessoas em desequilíbrio com suas espiritualidades costumam chegar muito perturbadas emocionalmente ao final de suas vidas terrenas.

Tudo isso mostra que, quando nos vemos em risco, debilitados, aumentamos a consciência de que existe muito mais por trás desse véu do mundo material. As situações complicadas e extremas da vida nos mostram a necessidade de autoquestionamento, correção de conduta e de pensamento. Esse é o movimento mais pró-espiritualização que eu conheço. Isso porque, quando o sofrimento vem, nos obrigamos internamente a entender mais sobre a vida, e o interessante é que isso aconteça de forma natural, como se fosse um instinto presente na essência de cada um.

Como já dito anteriormente, podemos ser materialistas, sendo também espiritualistas. No entanto, jamais será conveniente sermos apenas materialistas, já que com essa única base consciencial nosso poder pessoal será limitado ao universo do plano físico, ou da terceira dimensão. Até podemos conseguir ser espiritualistas sem sermos materialistas (o que também é difícil), mas sermos materialistas, sem sermos espiritualistas, e ainda assim termos harmonia, felicidade real e duradoura, aí a tarefa é improvável.

O materialista procura resolver os problemas da vida à sua moda. Acha que o dinheiro resolve tudo, que presentes conquistam as pessoas, que bens de consumo alimentam a alma. A pessoa materialista, que não desenvolve a sua consciência espiritual, mesmo tendo muito dinheiro, torna-se alguém muito pobre, quase miserável, porque a pior pobreza é a de espírito.

Os infelizes são infelizes porque não conseguem achar alegria nas coisas e momentos simples da vida. Essa alegria está vertendo abundantemente de meios subjetivos, imensuráveis e etéreos. E o materialista, mesmo que por longos anos esteja preso à ilusão de que é completamente feliz, não pode ser completamente livre, pois seu estado depende de bens materiais, que, todos sabemos, não acompanham a pessoa além de sua sepultura. E mesmo que fosse, de que adiantaria? O poder pessoal do materialista está limitado à sua vida, às leis da matéria e à terceira dimensão. O poder pessoal do espiritualista permeia essas barreiras.

Refletindo sobre tudo isso, faço a pergunta: por que nos espiritualizarmos? Porque é a única maneira de encontrarmos realização e felicidade de forma real. Porque é a única forma de encontrarmos e realizarmos o nosso propósito aqui na Terra. Ademais, por meio da espiritualização, encontramos formas de enriquecermos de verdade, porque assim não dependemos de dinheiro ou de recursos externos para sermos felizes. A felicidade não é real se depende exclusivamente de coisas materiais para ser sustentada. Espiritualizar-se é o caminho ideal para quem quer ser livre, leve e realizado.

DESAPEGO, ASAS PARA A LIBERDADE

Como sermos livres de verdade?

Desenvolvendo a capacidade de desapego e de, principalmente, entendermos que a felicidade não depende necessariamente de coisas, bens ou conquistas materiais.

Isso não quer dizer que não podemos aproveitar bem as coisas do plano físico. Claro que sim! Senão, nasceríamos em um plano espiritual. E por que nascemos no plano físico? Porque aqui se reúnem as condições básicas para o espírito evoluir. Porque o nosso aprendizado espiritual inclui desenvolver o equilíbrio sobre as coisas materiais e o apego. Por isso, precisamos nos entender com as coisas da Terra. Não podemos ser hipócritas dizendo que o dinheiro é ruim ou que traz problemas. De maneira alguma, já que os problemas e as infelicidades são oriundos da mente humana sintonizada em baixas frequências. O dinheiro é a energia da terceira dimensão, é o fluido vital do mundo físico. Mas, como toda energia, ela pode ser usada tanto para o bem e a evolução espiritual como também para a destruição e o mal.

A pior escravidão é aquela que acontece em função dos apegos, em que a pessoa tem a ilusão de que precisa necessariamente de coisas e pessoas para ser feliz. Muitos atribuem a arte de encontrar felicidade a um relacionamento ideal, a um emprego bom, a um carro do ano, a uma casa na praia. Todas essas coisas, se aproveitadas com equilíbrio, podem complementar felicidade na vida de qualquer pessoa, mas jamais completar, o que é bem diferente. Complementar quer dizer aumentar algo que já existe. Completar quer dizer preencher algo que está vazio.

Ninguém externamente pode completar, dentro de nós, um vazio que nós, pelo nosso descaso ou descuido consciencial, geramos. Se criamos internamente esse vácuo na alma, também é internamente que conseguiremos encontrar soluções para ocupar esse vazio.

Pessoas e coisas materiais podem servir de instrumento para que aprendamos o mais rápido possível como evoluir e, definitivamente, achar internamente a solução. Na verdade, essa é uma das principais funções de todo o externo: ajudar a entender o interno.

Só poderemos ser felizes e livres quando abandonarmos completamente os vícios que alimentamos para sustentar essa felicidade baseada em recursos externos. Podemos definir vício como algo que queremos e não conseguimos parar de querer. Mas não vamos comentar apenas os mais falados, como drogas, álcool, fumo, jogos. Esses estão completamente mapeados pelos homens e são reconhecidos por todos. Refiro-me aos vícios de comportamento e, principalmente, aos de relacionamento.

Se não conseguimos nos comportar de forma diferente e nova, mesmo sabendo que seria o melhor, é porque estamos viciados nesse comportamento, porque ele traz uma emoção viciosa, sem a qual não conseguimos viver. Se não conseguimos viver sem uma determinada pessoa, seja cônjuge, filho, pai, neto, é porque estamos viciados na emoção que isso nos gera, aprisionando-nos a essa repetição.

Pode ser que o que eu vou dizer o assuste um pouco ou até lhe gere desconforto, pois quando pensei nisso também rejeitei à primeira vista: *Se sua felicidade depende de alguém, seja neto, filho, namorado, marido, esposa, pai, mãe, acredite: você é um obsessor vivo da pessoa da qual acha que depende para ser feliz.*

O desapego são as asas da liberdade. Se você entender que cada ser tem sua missão, que cada pessoa tem uma finalidade, e que tudo, na verdade, é temporário, mas que a alma é imortal, provavelmente já comece a encontrar um certo conforto.

Por outro lado, se não pode nem imaginar a possibilidade de perder o seu emprego, ou se não consegue aceitar que um dia seus parentes queridos vão falecer, ou que seu cônjuge pode simplesmente querer se separar, sinto muito, mas você é quase um escravo da vida e está longe de ser considerado uma pessoa espiritualizada, e por isso mesmo não é livre, e se não é livre, não pode ser feliz de verdade.

Busque mudar esse quadro com atitudes simples: priorize sempre seu crescimento espiritual adquira um compromisso consigo. Em pouco tempo, você começará a colher resultados muito favoráveis ao seu crescimento, criando desapego, aumentando a fé, proporcionando-lhe a sensação real de paz, alegria, liberdade.

AS CONTAMINAÇÕES DO MEIO EM QUE VIVEMOS

A base da espiritualização é aprender a voltar-se para dentro de si e, assim, aprender com isso a entender cada mecanismo, meditar sobre a vida e os seus papéis, fazer a reforma íntima (cura das emoções inferiores), melhorar a cada dia.

Mas como experimentar a espiritualidade com o universo tão agitado e cheio de contaminações? Como vivenciar a espiritualidade, se as informações em tempo real, acessíveis a todos, estão impregnando o inconsciente coletivo de futilidade e abstinência espiritual? Como sentir a espiritualidade, se a maioria da população brasileira consome bebidas alcoólicas regularmente? Em meu livro *Decisões – Encontrando a missão da sua alma*, apresento informações sobre os níveis de energia da consciência e os fatores que os alteram. Um dos principais é o álcool, que debilita muito a consciência da pessoa, e, por isso, a sintoniza em frequências mais densas. Pior ainda é o fumo!

Como conseguir nutrir a espiritualidade, se mais de 70% das pessoas, ao chegarem em casa após o trabalho, ligam a televisão e mergulham em uma programação continuada de alienação e futilidade? Não dá para ser feliz com os jornais publicando diariamente chacinas, mortes, assaltos e tragédias. Diga-se de passagem, eles só colocam esses temas em suas grades de programação porque conseguem muita audiência.

Com tanta contaminação, vamos criando um universo em nossa aura, baseado na percepção de mundo que temos, estimulando o medo, a insegurança, o materialismo e o apego. Essa vibração, contaminada pela lei da atração magnética, proporciona mais e mais medo, apegos, materialismo, e com isso decaímos gradativamente em um estilo de vida perturbado e conflitante.

O homem está fazendo o caminho inverso e isso é um grave equívoco, pois ele precisaria se aproximar de Deus e da natureza.

Aproximar-se mais dele mesmo. No entanto, para relaxar um pouco do universo complicado e estressante que ele mesmo criou, acaba desenvolvendo formas muito estranhas.

Outro fato é que as belezas naturais estão se afastando dos grandes centros. O azul do céu dá lugar ao cinza da poluição. Os cristalinos rios dão passagem ao fluxo fedorento dos dejetos. A alimentação natural sai de cena para que os *fast-foods* brilhem. Tudo está muito distorcido. É alarmante pensar que algumas crianças dos grandes centros não conhecem o animal que lhes dá o ovo. Muitos pequenos nunca viram uma galinha, senão por internet, fotos, televisão ou livros. Outras nem imaginam que uma cenoura vem da terra. O que é isso, meu Deus?

Vamos chamar aqui de movimento inverso.

A INCAPACIDADE DE CULTIVAR O SILÊNCIO

Se você pensa que ficar sem fazer nada é danoso e nocivo, trazendo-lhe verdadeiro pânico; se sente muita nostalgia nos momentos de silêncio, ou se simplesmente não consegue aceitar o fato de não ter o que fazer: cuidado!

A base da busca pela espiritualidade é aprender a encontrar no seu interior os recursos que o ajudem a enfrentar a vida fora. É entrar em sintonia com a Fonte Criadora de tudo que existe no universo, a provedora da vida em todos os níveis e dimensões.

A busca pela espiritualidade vai ajudá-lo a evoluir, purificar as suas inferioridades e crescer como indivíduo. Mas como conseguir essa reforma íntima, se você não consegue parar e encontrar um tempo para olhar para dentro de si? Ou, pior ainda, se quando você começa a buscar se entender, olhando para dentro de si e da sua realidade atual, fica inquieto e se desequilibra? Como isso é possível?

Esses sintomas são fortes indícios de que você está longe de sua espiritualidade. Que está fugindo do processo natural de evolução. Entenda que estar longe da espiritualidade é o mesmo que dizer que está em desequilíbrio energético, daí a importância dessa questão, porque, se essa condição permanece, o sofrimento e as doenças serão resultados naturais.

Tornar-se espiritualizado é aprender a cultivar o silêncio periodicamente, e extrair desse momento profundo prazer e paz. Existem muitas pessoas que, por hábito ou característica da personalidade, vivem intensamente esse silêncio. Neste caso, o silêncio a que me refiro é aquele que permite fazer uma análise crítica da sua vida, com amor e gratidão. Desse silêncio sempre deve ser extraída uma dose de energia positiva. O silêncio utilizado para "ruminar" sobre suas lamentações ou se automartirizar é suicídio consciencial. Não serve para nada, senão para sintonizar em uma frequência pessimista e de sofrimento.

Você vai precisar cultuar o silêncio como um momento mágico. Melhor dizendo, como um *happy hour* da alma e, quando você perceber que está saindo do silêncio com mais energia, aí sim já terá dado um grande passo para ser feliz. Estará descobrindo uma das maravilhosas formas de se espiritualizar, se equilibrar, bem como uma maneira simples de manter a sua energia radiante, seu corpo saudável, sua consciência leve e expandida. Em resumo, você começará a se convencer de que se tornar uma pessoa espiritualizada é o melhor recurso que você tem para evoluir e principalmente: ser feliz!

Fé é um padrão de
pensamento repetitivo
em vibrações elevadas
que aproxima o bem e,
por consequência, afasta
as dificuldades e
os problemas.

@BRUNOJGIMENES

CAPÍTULO 2

ATOS FALHOS DA COLETIVIDADE

MOVIMENTOS INVERSOS

Para buscar a nossa espiritualidade, encontrar equilíbrio e conquistar paz interior, precisamos refletir sobre os diversos atos cometidos todos os dias e que afrontam diretamente o fluxo natural de evolução dos seres, trancando esse crescimento, agregando mais e mais lixo psíquico e emocional na crosta terrestre. A maioria dos movimentos inversos é realizada habitualmente por nós sem que percebamos o quanto estamos nos desviando da nossa essência divina.

Inúmeras são as práticas realizadas diariamente que agridem ferozmente a natureza espiritual do homem. Ora porque vivemos em uma sociedade com sua cultura enraizada no materialismo, ora porque estamos alienados em relação à real finalidade de nossa existência. Seja pelo motivo que for, estamos inventando maneiras de nos autoboicotarmos nessa jornada evolutiva, trocando o próprio aprendizado espiritual por conceitos falhos e retrógrados, ou seja, nos distanciando dos valores espirituais.

Se analisarmos com mais atenção as coisas que fazemos em nosso cotidiano, provavelmente iremos identificar, a cada novo dia, dezenas de práticas que são realmente nocivas a essa busca. Vamos a alguns exemplos.

CULTUANDO CEMITÉRIOS

Aprendemos na escola que nada se cria e nada se perde, tudo se transforma. Outro aprendizado que vem da escola é que neste mundo existe matéria e energia. Matéria é energia agrupada, em diferentes estados de condensação. Logo, tudo é energia, só que organizada em diferentes formas.

A energia não se perde. Aprendi isso também na escola! Ela se transforma, e isso não é uma teoria ou constatação minha, é um fato consumado para a ciência, já há muito tempo. Então, o que dizer da morte? Não estou aqui querendo definir a morte e todos os processos envolvidos, mas quero deixar claro que não dá para aceitar que a falência do corpo seja o fim. Falo isso não só por minha experiência de consultório, onde vi as pessoas em suas regressões constatando que a morte não é o fim. Falo agora com a ótica da ciência. Para onde vai a energia condensada em uma pessoa após sua "partida"?

Esse questionamento existe porque sabemos que nada se perde e tudo se transforma, portanto, com a morte, a matéria condensada tende a se transformar e não simplesmente acabar.

Outra coisa intrigante e natural: tudo é cíclico, tudo! O Sol nasce e morre ciclicamente, todos os dias. As plantas: uma semente se torna árvore, essa árvore gera sementes, essas sementes são germinadas, de novo viram árvores, e assim ciclicamente. Todos também aprenderem nas escolas ou nos livros sobre os vários ciclos. O ciclo da água, por exemplo: a chuva que abastece os rios ou os lençóis freáticos, que se evaporam e mais tarde se tornam chuva novamente. A natureza apresenta-nos a primavera, o verão, o outono e o inverno, todos e todos os anos, não é mesmo? Pois então pergunto: Por que a morte seria o fim? Por que acreditar que somente os seres humanos não obedeceriam a essa natureza? Se nada se perde, tudo se transforma, e a nossa natureza é cíclica, é claro que nossa consciência não morre! Da mesma maneira que o Sol não morre, mas se recolhe no final do seu ciclo e renasce todos os dias no início de um novo ciclo.

Abordo esse tema simplesmente para alertar que no cemitério não há nada, senão uma atmosfera densificada pelas emoções negativas das pessoas que sofrem pela perda de seus entes queridos. Reconheço plenamente a função do cemitério na nossa sociedade, por isso não comento com a intenção de criticar esse local. Quero apenas alertar para o fato de que, se você for realmente uma pessoa espiritualizada, não existe propósito algum em ir visitar periodicamente o túmulo de um ente querido. A consciência do desencarnado não está lá, sua alma não está lá, apenas os expurgos do corpo físico que ajudou esse ser a se purificar e serviu de veículo para sustentar sua consciência no período de uma vida.

A Mãe Terra realiza um excelente papel. Mesmo cansada e debilitada por nossas crueldades antiecológicas, ainda resiste bravamente e cuida de transmutar o sobrepeso da alma manifestada no veículo carnal que agora, em total processo metabólico, será assimilado pelo valente veículo mineral.

O que fazer em um cemitério então? O espírito da pessoa definitivamente não está lá, pelo menos não deveria estar. Se você quer conversar com esse ente querido, faça isso em suas orações. Mas converse com a consciência de que esse espírito vive em outra forma energética, em outra dimensão, e que, pela natureza do universo e sua genialidade, em outro momento, provavelmente, esse sistema cíclico perfeito vai se encarregar de juntá-lo a esse espírito novamente. E, caso você tenha o costume de conversar mentalmente com alguém desencarnado, pois considera que ele possa ouvi-lo, esse é mais um motivo para não precisar ir ao cemitério.

Porém, fica aqui uma advertência: se você costuma se referir a alguém desencarnado como se esse espírito o estivesse ouvindo plenamente, por favor, cuide para você ser alguém gente boa. Imagine que um de seus amigos, qualquer pessoa de seu convívio, inventasse de ficar se lamentando o dia inteiro para você. Reclamando da vida, chorando de tristeza, carência, saudade, abandono ou depressão. Ninguém merece, não é? Devemos ter compaixão com essas pessoas e, se possível, procurar ajudá-las, mas, sinceramente, isso exige uma carga extra de amor e paciência, pois elas se tornam desagradáveis e cansativas. Portanto, se acha que uma pessoa desencarnada pode sentir ou captar as ondas do seu pensamento, imagine que nociva essa emanação de lixo emocional e psíquico para a evolução dela, que, por ora, vive em outra sintonia? Essa chuva de lamentações involuídas contribui apenas para gerar mais sofrimento, se não para o desencarnado que recebe a pulsação desses sentimentos, para a própria pessoa que gera. Ninguém ganha com esse comportamento, nem quem tem saudade e chora, nem o desencarnado que acaba se sentindo mais pesado e, por isso, não se liberta da terceira dimensão, tampouco o universo, que sofre consequentemente com a nossa ignorância consciencial.

Não estou ignorando a saudade, os sentimentos naturais, menos ainda excluindo que as pessoas que se amam gostam de estar juntas. Estou apenas enfatizando que alguém que cultua o cemitério como se fosse um confessionário ou divã, onde conversa com pessoas já desencarnadas, está, no mínimo, longe de ser espiritualizado, e por isso acumula em si mais sofrimento, confusões e conflitos. Confie na natureza cíclica de Deus, sobretudo que temos que experimentar cada estágio desse processo para nosso crescimento espiritual. As sessões de cemitério não vão ajudar ninguém.

QUANDO ALGUÉM SE VAI

Tornar-se uma pessoa espiritualizada é um poderoso antídoto para o sofrimento. Ouço todos os dias: "a única certeza na vida é a morte". Sim, claro! Para morrer basta estar vivo, não é mesmo?

Estamos vendo isso todos os dias. Sabemos que vamos morrer. É uma certeza inabalável. Todos nós temos a consciência de que um dia a morte vem. Mais do que isso, que vamos assistir também a muitas pessoas queridas em nossas vidas "irem embora" antes de nós. Possivelmente, veremos pessoas que amamos muito, por quem sentimos profunda admiração e afinidade, deixarem esse plano antes de nós. Pode ser que uma pessoa jovem ainda não tenha vivenciado essas perdas em sua vida, mas isso um dia vai acontecer, porque, como já sabemos, a morte faz parte da vida!

A morte significa muito mais que a perda de alguém, ela transcende esse significado. Ela se refere a um término de estágio, como um ciclo encerrado. Na verdade, é a morte daquela fase evolutiva do ser em seu corpo físico. Mas, se tudo é tão óbvio e natural, o que gera tanto sofrimento quando alguém morre?

A cultura ocidental não reencarnacionista, na sua maioria, ensina que a morte é praticamente o fim. Fomos e somos educados para entender que a passagem de alguém é a pior tragédia que existe. Somos tão impregnados com essa ideia que, quando a morte vem, só pensamos em nós mesmos, egoisticamente, e, por consequência, sofremos, lamentamos a saudade, a falta que a pessoa faz, choramos a dor da solidão, separação ou ausência.

No entanto, por que ninguém pensa que aquele que se foi acabou de concluir um estágio e agora precisa ir para um novo ciclo? Por que ninguém pensa na evolução do outro, em vez de ficar pensando em si próprio? Porque somos apegados, possessivos e egoístas, a ponto de só nos importarmos conosco. Na verdade, não estamos preocupados com quem morreu (é o que parece), e isso não é amor verdadeiro. É compreensível a saudade e até um certo sofrimento, mas tanto egoísmo assim é difícil de aceitar. Assim, fica difícil falar de amor verdadeiro, se não entendemos e tampouco aceitamos a morte.

Certa vez, o pai de uma amiga morreu. Seus familiares sofreram muito pela perda repentina. Essa amiga, embora ainda assustada e triste, praticamente não chorou por sua morte. As pessoas mais próximas não podiam compreender como ela não estava chorando a perda do próprio pai, não podiam encontrar explicações para um comportamento tão passivo e harmonioso diante da tragédia (segundo a visão deles). Lembro-me perfeitamente de que alguns, de maneira inconveniente, perguntavam: "Como pode você não chorar a morte de seu próprio pai? Como pode?". Para aquelas pessoas, não chorar soava como descaso, falta de amor e até desprezo. Elas não podiam aceitar esse comportamento, como se fosse insensibilidade.

Com sua consciência espiritual mais desenvolvida, aquela amiga tinha um entendimento distinto sobre a morte e o apego. Ela podia compreender que se tratava de um fim de ciclo para seu pai, que agora precisava continuar evoluindo, onde quer que ele estivesse. Ela expressou seu amor em silêncio, sem poder comentar com as pessoas ao lado que sua visão acerca da morte era diferente.

As pessoas que se faziam presentes na ocasião, por suas culturas ocidentais e por pouca compreensão do verdadeiro significado da morte, prendiam-se a lamentações e choros, que não contribuem em nada para esses momentos que são realmente difíceis, principalmente para a família. E assim acontece todos os dias, na maioria dos velórios Brasil afora. Se você não chora, é como se não estivesse triste ou não se importasse. Assim, as pessoas continuam vendo a morte como uma perda irreversível.

Um dia, as perdas vão acontecer. Acho conveniente aprendermos bastante sobre esse acontecimento natural em nossas vidas e aprofundarmos o entendimento, já que ocorrerá mesmo. O melhor é sermos prudentes e estarmos preparados. Isso, com certeza, vai mostrar que emoções negativas não servem para nada. Possivelmente, com mais sabedoria, podemos estender a mão de forma amorosa para quem sofre, tornando-nos úteis nesses momentos. No mínimo, jamais seremos inconvenientes, se compreendermos um pouco mais esses processos da natureza humana.

A ESPIRITUALIDADE PUNITIVA

A espiritualidade é a própria manifestação de uma consciência mais ampla, que se dá por meio de uma conexão simples, direta e principalmente natural. Essa conexão acontece pelo canal do coração (sentimento) e da mente (intenção).

Hoje, as pessoas buscam uma espiritualidade leve, sem muitas regras ou premissas engessadas e deterministas. Ninguém aguenta mais os termos pecado, blasfêmia, confissão, castigo, sofrimento, salvação, vida eterna, culpa, extrema-unção. Não estou dizendo que os erros não aconteçam, e principalmente que a busca pela evolução não seja necessária. Ao contrário, este livro tem como objetivo principal mostrar meios para ajudar as pessoas a evoluírem, transformando seus erros em crescimento pessoal.

Quero lembrar que a espiritualidade punitiva está totalmente fora de moda. Que é tremenda injustiça dizer que Deus castiga, vendo toda a grandeza do universo e a lei do livre-arbítrio que nos dá tanta liberdade. A lei do carma é tão justa, reta e precisa quanto um bom relógio suíço.

Certa vez, fui a uma ótima livraria no interior do estado do Rio Grande do Sul. Surpreendi-me pela grande variedade de livros de espiritualidade, autoajuda, entre outros de que gosto muito. Quando estava saindo, vi um pequeno livro que me chamou a atenção, por um motivo que, na hora, não conseguia entender. Então fui em direção a ele, podendo ler perfeitamente o que estava escrito na capa. Surpreendi-me com o título, que, por uma questão de respeito, não vou revelar. Após ler o livro, posso dizer que a mensagem principal dele era determinar quais coisas os seguidores daquela religião (tão cheia de adeptos no Brasil) não deveriam fazer, impondo os conceitos de forma completamente determinista.

Fiquei estarrecido. Como alguém pode determinar de forma tão impositiva o que os outros podem ou não fazer? O pior é que os argumentos eram baseados em citações da Bíblia, as quais foram interpretadas de maneira tão distorcida que cheguei a repudiar aquele livro. Mesmo assim, continuei a leitura, acreditando que ficaria mais interessante.

Foi então que insisti em procurar dicas que pudessem estimular os leitores a analisarem todas as coisas de modo mais amoroso. Na verdade, eu queria encontrar naquele livro coisas que não encontrei. Eu não podia acreditar que alguém fizesse uma obra daquelas. Sinceramente, fiquei triste. Até respeito o fato de que a ideia do livro fosse alertar o seu leitor sobre os perigos de algumas práticas que não eram condizentes com tal religião, mas determinar com tanta arrogância o que cada pessoa deve ou não fazer?

O que eu gostaria de ter visto nele, na verdade, é que seu alerta fosse dado, mas que convidasse o leitor a meditar sobre cada ato, a questionar de coração e a ouvir a voz da intuição. Porém, pelo visto, nesse tipo de espiritualidade punitiva, a intuição não tem vez.

Por isso pergunto: que caminhos espirituais são esses que não deixam as pessoas se guiarem pelos seus lemes interiores, que são seus corações e intuições? Que espiritualidade é essa que não respeita o livre-arbítrio de cada um e que usa o determinismo como forma de controle?

Vejo com bons olhos as religiões que transferem para cada ser as responsabilidades de crescer, evoluir, ser feliz ou ser triste, alertando-o sobre as inferioridades e atitudes negativas, no entanto permitindo tomar suas decisões. Por esse motivo é que estamos vendo um movimento antirreligião que assusta os interessados em mantê-las. E por que será?

As igrejas mais tradicionais do Ocidente estão experimentando uma evasão de fiéis gigantesca. Isso está acontecendo porque as pessoas estão como nunca sentindo que essa liberdade de expressão conquistada é positiva no que se refere à espiritualidade, e isso é ótimo se a pessoa quiser evoluir e buscar Deus. Não estou tripudiando das religiões, tampouco as ridicularizando. Estou alertando para a necessidade de buscarmos a espiritualidade sim, a todo tempo e intensamente. Todavia, sempre estimulando que essa busca aconteça de forma livre, universalista, leve e natural.

MANTRAS AO CONTRÁRIO

Quando entoamos a voz, cantando, falando, ou até mesmo sussurrando, estamos transferindo a vibração do som para todas as células do corpo. Isso traz o entendimento de que aquilo que é falado é impregnado no próprio corpo, por meio da vibração do som nas células.

Através das palavras, é possível acender as células, organizar a frequência mental e produzir um estado de saúde e equilíbrio geral. As práticas de orar, meditar e entoar cantos sagrados são, por si só, curativas, já que estabelecem nas células uma vibração de alta frequência, acompanhando essa mesma vibração positiva.

A simples mentalização já é uma maneira de transferir para o corpo a frequência dos pensamentos. Quando se canta, o som é a própria materialização das ideias, que produz uma influência intensa na condição geral da pessoa.

A manifestação do autocontrole se dá também quando aprendemos a criar uma disciplina para mantermos pensamentos em um nível mais elevado possível.

ATENÇÃO:
- evite os pensamentos negativos;
- se pensar assim, não manifeste verbalmente;
- se manifestar com palavras, não repita;
- se você tiver a consciência imediata de que falou algo que não devia, fale imediatamente uma palavra positiva para anular o que foi falado;
- todos os dias, antes de dormir, reflita como você se comportou, que palavras foram usadas e que universo de pensamentos criou.

O uso dos mantras é milenar, já conhecido e comprovado por sua eficácia e benefícios. Todas as culturas desenvolvidas espiritualmente já conheciam e conhecem o poder de invocar essas palavras sagradas como instrumento para imantar harmonia, positividade, paz.

Nos meus textos, geralmente apresento dicas para trazer paz e equilíbrio. Neste texto, vamos fazer de maneira inversa - o que chamamos de mantras ao contrário. Quero pedir que você reflita sobre quantos mantras ao contrário utiliza todos os dias, porque essas palavras podem ser portas de entrada para estados energéticos nocivos, portanto, quem não cuida de detalhes tão simples como esses pode aproximar muita infelicidade para sua experiência de vida.

DICAS PARA SER INFELIZ, ATRAIR DOENÇAS E MUITOS PROBLEMAS:

- ✔ Todos os dias reclame muito. Reclame da vida, das pessoas à sua volta, das suas coisas materiais, da pessoa que você é e de tudo mais de que conseguir se lembrar. Se possível, faça isso muitas vezes ao dia;
- ✔ Cante músicas de protestos, com temas negativos e mensagens bem pesadas, de preferência em voz alta para todo mundo ouvir;
- ✔ Evite rezar o máximo que você puder. Elimine a meditação definitivamente da sua vida;
- ✔ Adote e mantenha a postura de vítima, sinta de verdade que o mundo se virou contra você. Tenha certeza de que não tem culpa de nada que está acontecendo em sua vida; necessariamente, coloque a culpa dos problemas sempre nos outros, afinal você é uma vítima convicta;
- ✔ Assista todos os dias a programas policiais, filmes e noticiários sobre violência, guerras, chacinas, atentados, assaltos;
- ✔ Leia muitos livros, revistas e jornais que falem sobre medo, ego, vaidade, raiva, vingança e muita futilidade. Nesses ca-

sos, é muito recomendado que você faça isso logo pela manhã, assim que acordar;
- ✓ Seja sempre pessimista, tenha certeza de que não vai conseguir achar uma solução para os seus problemas e seja convicto de que não vai ter condições de pagar as suas dívidas;
- ✓ Acredite fielmente que os seus problemas são crônicos, seríssimos, por isso as soluções são impossíveis;
- ✓ Tenha a disciplina de falar muitos palavrões a todo momento. Sinta o máximo de raiva e mágoa que você puder;
- ✓ Reserve, religiosamente, um tempo do seu dia para fazer fofoca. Se possível, chame o máximo de pessoas que puder para participar. Espalhe aos quatro cantos as coisas alheias, de preferência com uma dose excessiva de maldade.

Pronto! Se você aplicar pelo menos uma dessas técnicas infalíveis, certamente atrairá muita coisa ruim para sua vida, tornando-se alguém completamente fracassado, infeliz e com muito, mas muito azar mesmo.

É obvio que essa é apenas uma brincadeira, mesmo porque todo o livro tem como objetivo construir caminhos para que você tenha uma vida plena e feliz. A intenção foi apenas colocar a questão de forma diferente para estimular a reflexão sobre os atos cotidianos. Por isso, se o caminho que você quer para a sua vida é outro, simplesmente elimine todos esses hábitos acima, principalmente agindo ao contrário.

CONVERSAS SOBRE REMÉDIOS

Observando a vida, prestando atenção nas coisas simples que nos acontecem, percebemos que as pessoas adoram conversar sobre desgraças, doenças, dores e remédios. Assustador é perceber que esses assuntos estão presentes no vocabulário das pessoas, e com muita facilidade esses temas se desenvolvem. Mas por que será que esse é um hábito tão comum?

Entendo, em primeiro lugar, que somos muito carentes e egocêntricos, mesmo que inconscientemente. Em segundo lugar, adquirimos maus hábitos sem perceber. Quero dizer que, acostumados a conversar sobre esses temas, nem percebemos o quanto isso influencia negativamente a todos, tanto quem fala quanto quem escuta. Outra coisa que me assusta é o fato de que muitas pessoas vão ler esse texto, concordar com essa colocação, mas não vão perceber que também fazem parte desse grupo que, em sua rotina, inclui longas discussões sobre doenças, dores, desgraças e outras nocividades.

Alerto definitivamente sobre a necessidade de começarmos a vigiar cada assunto de que falamos ("orai e vigiai"), porque você provavelmente vai concordar com o que está lendo, mas de nada vai ajudar se não cuidar atentamente para não desenvolver ou manter esse hábito negativo.

Eu já tinha lido sobre isso, estudado bastante e até participado de alguns cursos a respeito.. Considerava-me alguém que realmente controlava a qualidade de tudo que pronunciava. Achava que os temas das minhas conversas eram sempre positivos, entendendo que já tinha dizimado de minha vida essas conversas sobre remédios e doenças. Quando lia algo sobre o tema, consentia acintosamente, achava isso fato consumado. Foi quando, para me estudar e me conhecer melhor, decidi gravar por um dia inteiro todas as minhas conversas com outras pessoas. Qual foi a minha surpresa ao perceber que eu, que me achava o sabichão das palavras positivas, na verdade falava sobre tudo aquilo que já considerava extinto do meu vocabulário. Que balde de água fria!

Com isso constatei que racionalmente concordamos com a teoria de evitar ao máximo os temas negativos nas conversas, compreendendo os seus malefícios. Só que colocar em prática efetivamente, criar um hábito consistente, não é tão fácil.

As pessoas adoram, até parece que sentem prazer em falar sobre dores e doenças. Sentem-se realizadas por conhecerem nomes e mais nomes de medicações. Ficamos horas e horas ouvindo histórias tristes sobre doenças e desgraças, mergulhando profundamente, por várias e várias vezes, naquela emoção negativa que já foi vivida e que ficou no passado.

Quero que entendam que não estou desprezando os sofrimentos da vida, ignorando a dor, só estou sendo sensato em dizer que ficar relembrando o tempo todo algo ruim que já aconteceu, revivendo isso no pensamento e nas emoções, é uma insanidade.

Uma vez fui a uma festa. O pessoal até estava animado. Muita gente sorrindo, uma alegria no ar e harmonia. Sentei-me com um grupo de cinco amigos e começamos a conversar sobre variedades. Não demorou nada e um deles falou: "Nossa, vocês viram que o fulano foi operado e está mal?". As pessoas do grupo ficaram surpresas, quando prontamente um outro amigo disse: "Pior o sicrano, que sofreu acidente e está em coma há dez dias".

O que acontece, na maioria das vezes, é que os outros do grupo, que ainda não falaram nada, acabam sendo estimulados e não resistem à tentação, precisando também contar as suas histórias tristes.

Nessa hora, eu pensei: "Que conversa pesada! O que estou fazendo aqui?". Disfarcei que ia ao banheiro, para poder sair daquela sintonia. Minutos depois, já estava adaptado em uma nova roda de pessoas, dessa vez só com mulheres, com a esperança de que ali o assunto estivesse mais leve. Para minha surpresa, estavam falando sobre doenças de todo tipo, mas a que estava em pauta era a bursite. Uma pessoa dali conhecia tudo sobre o tema, melhores remédios, tratamentos e, principalmente, os melhores médicos. Claro, sem esquecer de criticar fortemente alguns profissionais, que, segundo ela, não eram bons. Uma outra pessoa da festa, que não estava na roda, passava por ali na hora e não se aguentou. De maneira espontânea, quase que intrometida, recomendou um ótimo remédio que estava tomando e que, segundo ela, estava resolvendo plenamente. Pronto! Era tudo o que aquelas pessoas queriam, um remédio milagroso. Anotaram o nome do remédio, bem como o telefone do médico. E isso tudo rendeu mais uns vinte minutos de conversa sobre bursite.

Percebi que havia muitas coisas erradas nas conversas, e que todas aquelas pessoas sentiam muita dor, porque estavam o tempo inteiro em ressonância com esse tema, não só no físico, mas na mente, nos hábitos, que precisam ser radicalmente mudados, se o ser humano quiser se curar de verdade.

As pessoas não querem sofrer nem ser magoadas, mas adoram ficar contando para os outros suas histórias tristes. Não querem sentir dor nem ficar doentes, mas se rendem ao hábito de falar insistentemente sobre o tema.

Em maio de 2006, sofri um grave acidente automobilístico, quando me choquei frontalmente com um caminhão. A gravidade do acidente, bem como a minha sobrevivência, foram um espanto para amigos e familiares. Não é para menos. Foi um milagre minha proteção. Mesmo assim, tive que passar por um período de recuperação física. Nesse tempo, recebia muitas visitas, de pessoas carinhosas que queriam me dar apoio. Nos primeiros dias, ainda estava muito debilitado e frágil psicologicamente, visto o trauma recente. A minha surpresa foi grande, pois, mesmo vendo a minha fragilidade momentânea, algumas visitas desenvolviam longas e inconvenientes histórias sobre acidentes e mortes no trânsito.

Começamos a perceber que, sempre após as visitas, eu desenvolvia uma febre curiosa, sem causa aparente. Foi quando ligamos os fatos. A partir dessa constatação, meus amigos e familiares que cuidavam de mim passaram a solicitar aos visitantes que jamais falassem sobre acidentes ou situações parecidas. Para nosso espanto, no outro dia já não mais tive febre!

Coincidência?

Outra constatação é que, não raro, quem vai ao velório chora a morte de alguém, bem como a de todas as pessoas que já perdeu, porque a cena do caixão e do sepultamento estimula a recordação de todas as outras situações parecidas. Essa lembrança faz a pessoa se sintonizar com tudo que já viveu de forma semelhante.

A um velório que fui, estava em silêncio ao lado de amigos, respeitando aquele momento, quando um deles começou a falar em tom baixo: "No enterro do meu tio estava chovendo e foi bem difícil. Tomara que na hora do sepultamento não chova!". O outro amigo já disparou: "No enterro do meu vizinho, fazia um sol de rachar!". E assim por diante, um tema foi puxando o outro, sem trégua.

Essas histórias são reais e fazem parte da vida de 99% das pessoas. O pior é que nem percebemos como tudo isso pode nutrir sentimentos e emoções negativas, que são a causa da maioria das doenças e dos males que nos afligem diariamente.

Alerto para o fato de que falamos coisas com tanta naturalidade, que simplesmente não percebemos que muitas vezes são extremamente nocivas ao equilíbrio e à paz, tanto da pessoa quanto do ambiente. Desejo que você passe a vigiar cada vez mais tudo o que fala, isso vai ajudá-lo e ajudar ao seu próximo. Pense nisso!

SÍNDROME DO APOSENTADO

Imagine que você tenha vivido uma vida inteira, muitos e muitos anos, trabalhando, sendo ativo, estudando, fazendo muitas tarefas ao mesmo tempo. O tempo para você, por toda uma vida, sempre foi escasso, algo precioso. Quase não teve tempo para suas questões pessoais! Viveu focado no trabalho, nos compromissos com as outras pessoas, com tudo à sua volta. O tempo passou, muita coisa mudou e você se "aposentou" de várias tarefas e obrigações. Pode ser que tenha se aposentado mesmo do seu trabalho, ou que muitas coisas tenham se completado naturalmente ou graças ao seu empenho de sempre. Se nesse período todo, normalmente de uma vida inteira, você não aprendeu sobre a espiritualidade, nem nutriu a sua consciência, ou se não reconheceu, tampouco começou a realizar a missão da sua alma, sinto muito. Provavelmente, esse período atual esteja significando um caos para você.

Isso ocorre justamente porque você não desenvolveu um estado de consciência (espiritualização), o que o impede de aproveitar ao máximo a sua aposentadoria

e perceber que esse período pode ser um presente de Deus. Acreditar que a vida está ruim porque se aposentou é a maior comprovação de que você ainda não compreende a espiritualidade.

Quando nos tornamos espiritualizados de verdade, aprendemos a curtir esse período do ciclo da vida com louvor. O sofrimento, a dor e a nostalgia patológica vão ser companhia de quem não aproveita a vida para evoluir. Então, conscientemente, podemos até achar que é ruim, ou que é um castigo dos deuses termos de enfrentar tantos problemas na velhice. Mas, sinceramente, toda a dor, o sofrimento ou a doença podem ser, nesse período, a última chance de, nesta existência, nos aproximarmos de Deus e com isso realizarmos nosso propósito na Terra, a missão da nossa alma. Como todos nós sabemos, se não aprendemos pelo amor, aprendemos pela dor.

E por que o sofrimento vem nesse período da vida? Porque pela primeira vez, provavelmente, você vai estar em contato íntimo consigo, que é o princípio básico do processo de espiritualização e crescimento consciencial.

E daí? Pode ser que, depois de tantos anos de vida, você perceba só agora que, embora tenha conseguido tantas conquistas materiais, não construiu nenhum alicerce sólido para a sua alma crescer, já que mágoas, medos, emoções negativas não foram curadas. Então, de que adiantou tudo o que você construiu materialmente, se não houve crescimento espiritual ou consciencial?

Nesse momento, analisando tudo isso e constatando essa realidade, pode ser que você se sinta mal. Se não tiver humildade ou flexibilidade para reconhecer seus erros e mudar, pode ser que, por consequências de suas próprias atitudes, abrevie muito o seu tempo aqui nesta existência. E o pior, quando desencarnar, cheio de culpas, frustração ou qualquer sentimento negativo, provavelmente irá sofrer muito com a consciência de seus erros.

Mude isso agora! Dá tempo ainda, mesmo que tenha minutos de vida. Caso ainda tenha um tempo maior, melhor para você, já que as possibilidades se ampliam.

PIERCINGS E TATUAGENS ALTERAM O MAPA DA ALMA

Imagine que você viaja pela primeira vez para uma grande cidade. Ao entrar nela, orienta-se por um mapa da região. Nesse mapa, encontra todas as ruas e avenidas, os melhores caminhos, os atalhos, as pontes, os viadutos e, mesmo não entendendo ou conhecendo direito o lugar, acaba chegando ao destino desejado.

Agora, procure fazer uma analogia com o corpo humano, em seus aspectos físicos e energéticos. Os fluxos energéticos são os canais pelos quais flui a energia vital. Essa energia interpenetra o corpo físico, abastece-o e realiza suas propriedades de energizar, vitalizar e ativar as funções vitais do organismo. Toda essa circulação de energia vital ocorre por esses fluxos e condutores naturais que possuímos.

Imagine que esse mapa, em que você se baseava para chegar à cidade, teve um nome de avenida alterado ou, quem sabe, determinada rua foi rasurada, borrada. As tatuagens e os piercings atuam dessa maneira: rasuram, borram ou alteram o mapa do fluxo da energia sutil que circunda e abastece nossos corpos, por isso, na maioria das vezes, podem criar alterações significativas, capazes de gerar desequilíbrio nos aspectos físicos, emocionais, mentais e até espirituais. Se aprofundarmos o estudo, veremos que o que ocorre no corpo físico reflete nos campos energéticos do ser (aura) e vice-versa.

Por isso, toda alteração de padrão celular, mesmo que superficial e de pele, altera também o campo de energia do ser, pois estão intimamente ligados o físico e o energético. Olhando por essa ótica, pode-se dizer que uma tatuagem cria um novo padrão de energia para a aura da pessoa, fazendo com que a energia vital mude seu fluxo, podendo ser desviada, drenada ou até mesmo acumulada naquele ponto tatuado.

O fato é que uma tatuagem feita no corpo físico gera também uma tatuagem no campo energético. A energia vital se depara com ela e não sabe bem o que fazer. Exatamente como um rio em que o homem, por sua exploração e desmatamento, vai mudando o seu curso natural.

É importante lembrar que, muitas vezes, o homem faz alterações necessárias na paisagem natural, pois as julga essenciais para sua sobrevivência. Mesmo assim, são alterações que afetam a natureza e a naturalidade das coisas, e isso gera reações que podem aparecer em curto, médio ou longo prazo. O fato é que a alma é imortal, responsável por moldar o corpo físico a cada reencarnação. É nela que reside a essência de cada indivíduo, em que estão armazenados os registros de vidas passadas. O esclarecimento dessa questão é importante para compreender que, muitas vezes, um problema físico, mental, emocional e até espiritual de hoje tem origem no passado desta vida ou de outras vivências do indivíduo.

Cabe falar também dos miasmas, marcas e cicatrizes oriundos de vidas passadas que, às vezes, se tornam doenças agudas na vivência atual do indivíduo, pois eram cicatrizes da alma, provenientes de experiências anteriores. Isso mostra que aquilo que experienciamos fisicamente fica registrado na aura, ou seja, no espírito.

E aí? Será que, em uma existência posterior, a sua alma virá com um miasma de uma tatuagem feita nesta vida? E que consequências isso poderá gerar? Talvez nenhuma, mas apenas talvez. Porém, pode ser também que no local da tatuagem surja alguma fragilidade. Que fique bem claro que não é toda tatuagem que pode criar um problema. Estudos radiestésicos comprovam essa teoria. De qualquer forma, sempre vai haver alteração no fluxo natural da energia, isso é indiscutível.

Já os *piercings*, então! Bom, aí a afirmação fica mais fácil. Perfurações por pontos vitais, e o alojamento de um pedaço de metal, condutor de elétrons, em partes específicas do corpo, normalmente na região dos chacras. Os impactos chegam a ser grosseiros, pois atuam como para-raios, desconfiguram completamente o fluxo energético do ser, alteram as ondas da energia e podem criar efeitos físicos diretos e indiretos, de acordo com a região e o chacra que está sendo afetado.

Mesmo assim, ainda é um estudo, uma observação e experimentação constatada em casos de consultório, no convívio com alunos e nos debates pela internet, sendo essa apenas a minha visão da questão, apoiada na teoria de que tudo que você altera na natureza das coisas sempre criará reações, e você é responsável por elas. Pense bem!

SÓ SER BONZINHO NÃO RESOLVE OS PROBLEMAS DO MUNDO

Não dá mais para apenas ser "bonzinho". Isso está ultrapassado, sabia?

Pois é, o universo está andando a todo vapor. As coisas estão acontecendo, as pessoas estão se mexendo e a zona de conforto, hoje em dia, é uma completa ilusão. Não estou dizendo que não é possível ter paz e uma vida tranquila. Claro que é! Porém, ser boa pessoa, pagar as contas direitinho e não fazer mal para ninguém já não é suficiente para alcançar a evolução espiritual, isso não vai garantir que a sua missão esteja plenamente realizada. Muito longe disso!

Estamos vivendo um momento em que o universo está "fechado para balanço". O que isso significa? Que estamos em franca movimentação. Que tudo está sendo questionado. As prateleiras da nossa consciência estão sendo avaliadas. O nosso estoque divino está sendo questionado. Na verdade, esse balanço que o universo está fazendo refere-se a uma verdadeira auditoria na alma de cada ser que habita essa dimensão.

Você acha mesmo que ser só bonzinho, pagar as contas, honrar as obrigações e ser do bem resolve tudo? Quantos anos você acha mesmo que um planeta tão doente como o nosso aguentaria com pessoas apenas sendo boazinhas?

Nosso momento é crítico. Precisamos desenvolver a bem-aventurança e um estado de consciência baseado na vontade interior de ajudar a todos, e não apenas olhar para o próprio umbigo.

O objetivo deste livro é ajudá-lo a despertar sua consciência para a espiritualidade e consequentemente adquirir capacidade de entender que trabalhar duro para ajudar o planeta a evoluir é muito mais que uma causa nobre, é uma necessidade urgente. Por isso, ser apenas bonzinho é negligência, já que o planeta está doente. Não podemos ignorar a doença. Ela deve ser tratada. A consciência deve ser promovida, estimulada.

Com isso tudo, o que eu estou tentando dizer é que, se você tiver a consciência minimamente espiritualizada, sem que ninguém precise lembrá-lo da sua responsabilidade, sua própria consciência mais compassiva vai lhe mostrar os seus papéis e atitudes a serem tomadas.

Quando entendemos que nossos irmãos, vizinhos, amigos e inimigos fazem parte do todo em que estamos inseridos, e que esse todo recebe como reflexo as vibrações psíquicas, emocionais dessas mesmas pessoas, compreendemos que não dá para sermos felizes sozinhos.

Está claro que querer ajudar ao próximo é uma ação de compaixão, pois se baseia em querer ajudar a pessoa a diminuir sua dor e seu sofrimento. Vejo pessoas incríveis doando amor, estimuladas por uma energia linda que vem do coração. São pessoas que ajudam incondicionalmente, e fico extasiado com essa compaixão. Mas vale lembrar que, na verdade, isso não deveria ser chamado de compaixão e sim de bom senso!

É importante dizer que a compaixão é e será um dos principais sentimentos e energias capazes de renovar nossas mentes e corações neste século e neste período evolutivo da História da Humanidade. Essa compaixão que devemos desenvolver por nosso semelhante é apenas uma questão de inteligência.

Quanto você é espiritualizado? Qual é o nível da sua consciência espiritual, se você não a desenvolve por meio de atos simples que tornam o seu cotidiano e o das pessoas ao seu lado um pouco melhor?

A Humanidade experimenta atualmente um período incrível de acesso a informações, espiritualidade, religiões etc. Isso possibilita que finalmente as pessoas tenham a liberdade de acessar literaturas, cursos, ensinamentos, vivências. em qualquer doutrina, religião ou filosofia, o que é um presente de Deus para seus filhos que vivem aqui. Perceba que, em nenhum período da História, as pessoas puderam estudar a Bíblia, os Sutras Budistas, os Vedas, o Bhagavad-Gita, o Evangelho Segundo o Espiritismo, o Tao Te Ching e outros livros sagrados, todos juntos, sem qualquer problema, e isso é possível agora!

Todo esse conhecimento está acessível para qualquer pessoa. Essa imersão espiritual pode nos ajudar a encontrar um caminho de crescimento pessoal. Tudo é questão de equilíbrio, já que a espiritualidade é um estado de consciência que basicamente deve anular o determinismo, o excesso de ego, a arrogância e outras inferioridades.

Então: Se somos arrogantes, egocêntricos, dogmáticos e deterministas, que tipo de consciência espiritual é essa? O quanto somos verdadeiramente espiritualizados?

Com base nessa reflexão, a espiritualidade é um estado de consciência que traz a capacidade de aniquilar algumas inferioridades do ego. Pois bem, então seria correto dizer que as pessoas mais espiritualizadas do mundo estão nas igrejas, nos templos, centros espíritas ou espiritualistas, entre outras casas denominadas como de Deus.

Essa seria a verdade mais sensata e coerente, não é mesmo?

O que vemos na realidade não é isso. É claro que não estou generalizando. Estou querendo questionar que, se espiritualidade é um estado de consciência que deveria anular as inferioridades do ego, então por que essas casas, templos e igrejas estão inundados de pessoas cheias de dogmas, paradigmas, determinismos e arrogância? Pessoas que se enchem de razão e que têm a coragem de teorizar conceitos espirituais, que não podem ser explicados com palavras ou raciocínio da terceira dimensão.

Pessoas se dizem espiritualizadas, só que estão convictas de que o caminho certo segue essa receita ou aquela. Julgam-se evoluídas, só que falam de culpas, de castigos e de punições divinas. Intitulam-se espiritualizadas, mas discriminam os homossexuais, aidéticos, viciados e até os de outras cores de pele. E isso vemos todos os dias na televisão, no rádio ou nas revistas. Que espiritualidade é essa que faz tanta distinção quanto ao poder aquisitivo e aparência?

A consciência espiritual traz a qualquer pessoa a noção de que somos espíritos em evolução, que nossos corpos físicos e estruturas de vida são apenas instrumentos de nossa evolução e, principalmente, que são temporários. Logo, que ser espiritualizado é esse que não compreende essa lógica cósmica? Quanto espiritualizados somos, se não respeitamos os caminhos e escolhas alheias ou o livre-arbítrio de cada um?

E é isso que me entristece, ver que as estruturas religiosas, em sua grande maioria, estão em crise. Estão borbulhando pessoas que não são nem um pouco espiritualizadas, pois, se assim fossem, jamais se fixariam apenas em uma doutrina, enraizadas como uma figueira de 40 anos de vida, rígidas e imóveis.

Penso que a verdadeira espiritualidade é um estado que transcende isso, e que seus pilares são baseados na simplicidade e na leveza que vêm do canal do coração.

MAU HUMOR

Mau humor significa que você não gosta da vida; que não gosta de ser quem é; que não está contente com as coisas à sua volta; que não consegue encontrar alegria nas pequenas coisas; e que, por mais que se considere espiritualizado, está distante de Deus.

Mau humor só consegue ser nutrido pelas pessoas distantes do entendimento do que é a verdadeira espiritualidade. Mau humor não pode ser alimentado por aqueles que compreendem um mínimo que seja sobre espiritualidade.

Pessoas com mau humor constante normalmente ainda não encontraram a missão de sua alma, por isso se encontram em desequilíbrio com a energia primordial de Deus, pois para todos existe uma finalidade neste planeta e nesta existência. Quando não conseguimos desvendar os mistérios da real finalidade de nossa existência, nos desalinhamos de nossa fonte energética, desanimamos, a vida perde a graça e, por consequência, o mau humor fica evidente.

CRUELDADE CONTRA OS ANIMAIS

É difícil ver a crueldade contra os animais criados para fins de abate visando o consumo. O mercado de carne e seus derivados movimentam lucros incríveis em todo o mundo, isso é certo! Mas você já parou para pensar a que tipo de sofrimento esses animais estão sendo submetidos, para que iguarias da culinária sejam produzidas e cheguem até a nossa mesa?

O consumo de carne gera os mais diversos tormentos aos animais, a descaracterização de seus costumes, a tortura e o descaso com a vida. Qual é a diferença entre uma galinha pronta para a degola e um querido cachorro de estimação? Qual é o motivo que impede uma pessoa de degolar e machucar seu animal de estimação? E qual é a diferença entre as vidas envolvidas?

Eu penso sobre a nossa responsabilidade em estimular o crescimento de um mercado cruel contra os animais e contra o meio ambiente. A cultura do consumo de carne na alimentação humana é que estimula todo esse processo. Sem contar a quantidade de mata devastada para que se estabeleçam as pastagens, o consumo excessivo de água para criar esses animais, bem como outras consequências intangíveis.

Não podemos julgar ninguém, mas entendo que, se qualquer um parar para pensar no que está comendo, quando consome um pedaço de carne ou um embutido qualquer, vai perceber que não é possível se considerar espiritualizado apoiando esse tipo de crueldade contra os animais e contra a natureza.

Sabemos que o consumo de carne faz parte de uma cultura milenar bastante difundida, principalmente no Ocidente. Por isso algumas pessoas têm dificuldade em pensar em alternativas que não incluam carne. Sendo assim, fica a sugestão de que, nesses casos, cada um pelo menos diminua em 50% o consumo. Ainda não é o ideal querermos que nossos irmãos animais morram para suprir nossos desejos carnívoros, mas já será um passo útil em busca da redução desse cruel, insano e desequilibrado hábito, tão cheio de consequências desastrosas.

CIRURGIAS PLÁSTICAS EM EXCESSO

O uso correto desse recurso da medicina é uma questão delicada e polêmica. A ciência avançou, desenvolveu-se e, com recursos muito modernos, pôde ajudar muita gente. Essa questão fica mais polêmica ainda quando lembramos que a cirurgia plástica pode ser uma necessidade, mas que, na maioria das vezes, está ligada ao excesso de vaidade.

A possibilidade de o dinheiro comprar uma aparência melhor e modificá-la com frequência é que traz uma dose de desequilíbrio e insensatez nessa questão. O quanto está mesmo certo utilizarmos esse recurso tão presente na vida das pessoas para modificarmos esteticamente o corpo que aloja nosso espírito? Qual é o limite correto da vaidade? O objetivo desse comentário é trazer a consciência de que qualquer cirurgia estética deve ser muito bem pensada e estudada, e de que o ego e a vaidade em excesso não podem pegar as rédeas do livre-arbítrio de ninguém. Não estou tentando persuadir ninguém a nada, pois cada caso é um caso e somente o discernimento do coração de cada ser pode determinar esses limites e tomar as suas decisões. Mas vale lembrar que vivemos no planeta do livre-arbítrio, que sempre vem acompanhado de ação e reação (carma).

De tudo isso, podemos afirmar com segurança que a sensatez, o equilíbrio e a calma devem povoar a consciência do candidato às cirurgias estéticas, pois, se isso não acontece, podemos sofrer com um fascínio que não alimenta nossa alma, tampouco traz autoestima concreta e duradoura, e, nestes casos, as correções estéticas não resolvem problemas de mentes rasas de consciência espiritual.

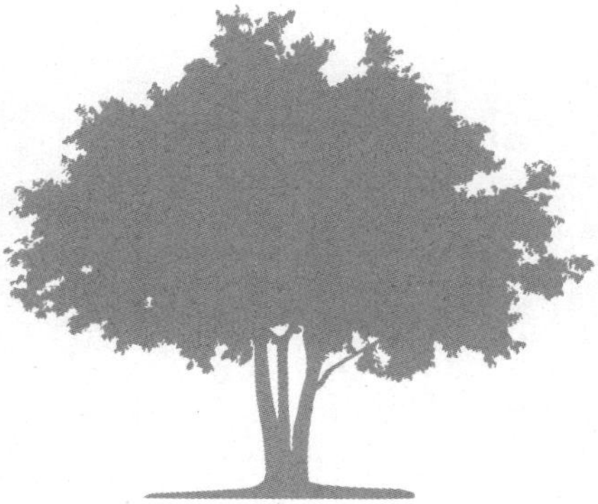

O maior obsessor que existe é o nosso próprio pensamento negativo, a baixa autoestima e a vitimização. Naturalmente, o maior exorcista é o pensamento positivo, a autoestima elevada e principalmente a capacidade de amar incondicionalmente.

@BRUNOJGIMENES

CAPÍTULO 3

COMEÇANDO A MUDAR O PENSAMENTO

ASSUMA UM COMPROMISSO COM VOCÊ

Espiritualizar-se requer basicamente que você analise suas atitudes. Você já pensou no número de compromissos que existem no seu dia a dia? Situações com seus filhos, família, contas a pagar, alunos, amigos, professores, chefes, empregados. Muitas e muitas tarefas.

E o compromisso com você mesmo? Você tem?

A base desse processo de espiritualização é assumir e cumprir compromissos consigo mesmo. Você pode ser visto pela sociedade como um herói, até ser reconhecido como uma pessoa incrível, dada a sua capacidade de assumir e cumprir seus compromissos com os outros. Mas se você não consegue cumprir compromissos consigo próprio, ainda que seja reconhecido por todos, inclusive pela sua família, pelo seu grandioso caráter, mesmo assim pode ser que você não esteja saudável e equilibrado. Provavelmente, também não esteja plenamente feliz. E tudo isso sabe por quê?

Porque você não aprendeu a assumir e cumprir os compromissos com a sua própria essência. Você precisa manter plenamente esses cuidados, para depois poder assumir contratos com o mundo externo, senão nada faz sentido. Nada mesmo...

Esses compromissos deveriam ser a própria Fonte Divina em cada um, uma possibilidade real de repensar a vida, analisar os caminhos, decisões, conquistas, derrotas, alegrias, tristezas e tudo mais.

Quantas pessoas apenas assistem a vida passar, cômodas em suas situações ilusoriamente confortáveis, mas espiritualmente nocivas? Realmente não se cuidam, não se importam com suas essências interiores, também não buscam autoconhecimento. Quantas desculpas para não evoluir, quantas distrações no meio da jornada, uso inadequado do livre-arbítrio, ilusões e ilusões. Fugir dos compromissos com a evolução é uma forma de envenenar a nossa essência, como se o mapa que conduz a pessoa a seu destino fosse rasurado.

A obsessão silenciosa vai afetando seus atos, interferindo diretamente na sua capacidade de fazer escolhas, e você vai se tornando uma pessoa de "coração fraco". O pior é que a miopia consciencial não lhe deixa perceber, e você gradativamente se torna alvo fácil, integrando-se ao populoso grupo de pessoas totalmente alienadas da necessidade de evolução espiritual. E tudo isso porque não se permitiu dedicar poucos minutos de sua vida para cuidar de você mesmo. A maioria das pessoas não está nem um pouco interessada no autoconhecimento, tampouco na evolução espiritual. Na verdade, a maioria de nós nem sabe, nem nunca ouviu falar sobre isso, e, quando alertada, responde diretamente: para quê?

Por isso é claro que as pessoas que não querem evoluir sempre irão inventar muitas desculpas, porque elas não podem vislumbrar a necessidade que se apresenta próxima de nutrir o espírito. Não conseguem entender as exigências dessa jornada, assim como a lagarta jamais saberá o que é ser uma borboleta até que se torne uma. Quando não se enxerga longe, não se consegue conscientizar para a necessidade latente, então é preciso sentir, passar pela experiência, vivenciar. Nesse estágio, a dor e o sofrimento são inevitáveis. Diferentemente das pessoas conscientes, que se antecipam às dificuldades buscando compreender os ensinamentos necessários ao espírito, a finalidade de cada um, buscando encontrar e realizar a missão da alma como meta principal da existência. Diga-se de passagem, esse caminho se configura mais saudável, harmonioso e prazeroso, já que a dor e o sofrimento não são fiéis companheiros de jornada.

O que preocupa é que a maioria das pessoas neste mundo, independentemente do grau de instrução e intelecto, é semianalfabeta na arte da espiritualidade. Precisamos aprender que buscar conhecimento e, principalmente, sabedoria espiritual é tão importante quanto ir à escola, estudar, graduar-se, pós-graduar-se. Da mesma maneira que alguém que se forma nos ensinos tradicionais necessita se dedicar, aquele que quer entender um pouco mais sobre sua própria essência também precisa. Por isso, se você não se dedica à sua busca espiritual, ao caminho da evolução da consciência, você será praticamente um analfabeto nessa área.

O ponto positivo disso tudo é que essa busca através do Eu interior, do caminho do coração e da expansão da consciência pode ser feita em qualquer lugar – em casa, no trabalho, através de práticas simples e de condutas igualmente simples. Estamos vivendo um momento mágico na história da Humanidade no que se refere à liberdade de busca. Vivemos praticamente sem censura, não existe a necessidade de escolher uma religião, crença ou filosofia. Existe uma só filosofia: a do bem! Só existe uma religião: a do coração, do amor universal.

Ninguém mais precisa decidir buscar determinada religião, ou trocar de igreja para isso acontecer. Claro que você pode fazer isso com a ajuda de uma filosofia religiosa, tudo bem. O fato é que as religiões não são necessárias para isso, no entanto é muito importante fazer essa busca com o coração, não deixando que o mental interfira em doses exageradas.

Seja o que for, aprenda a sentir e raciocinar com o coração, não julgue, não critique, apenas sinta o novo, abra-se para Deus através de uma intenção amorosa. Faça isso em qualquer lugar e com toda a sua sinceridade.

Leia, estude, reze, medite muito, mas não deixe o seu Eu puramente racional tomar as rédeas dessa jornada, que é guiada pelo seu coração. Tenha disciplina espiritual, também estimule as pessoas próximas a você, mas entenda e respeite que cada ser tem seu tempo e seu momento.

É triste ver que a maioria das pessoas mergulha nessa busca apenas quando é impulsionada pelos sofrimentos da vida. Aprendemos muito com a dor e pouco com os passos de uma consciência elevada. São as flechas dos anjos as nossas maiores orientadoras, responsabilidade originalmente atribuída à nossa própria condição de evolução consciencial. Mas com tanta alienação e distanciamento em relação à nossa verdadeira finalidade nesta existência, é claro que apenas: a dor, o sofrimento, a tristeza, as crises agudas e as doenças graves poderiam produzir nos seres humanos a incrível façanha de repensar seus atos, reformar seus padrões, corrigir suas condutas.

E por isso tudo podemos evidenciar que a maioria das pessoas apenas procura se espiritualizar pela necessidade de drenar a dor e o sofrimento. Elas apenas iniciam essa jornada para aliviar o peso de suas mentes cansadas, de seus corpos frágeis que gritam por socorro, de suas emoções desarmônicas, instáveis e desiludidas.

O que seria de nós sem a dor, a doença e o sofrimento?

Por essa perspectiva pode-se dizer que são grandiosos recursos auxiliares em nosso processo evolutivo, pois, sempre que nos desgovernamos, eles entram em ação, como verdadeiros tutores de nossas missões pessoais.

Espiritualizar-se é buscar uma elevação no estado de consciência que permita visualizar a verdadeira finalidade de cada ser, mantendo os olhos vivos para não se perder no caminho dessa jornada. A busca constante por essa consciência é a melhor prevenção contra a dor, a doença e o sofrimento. Sua espiritualidade é um recurso que pode realmente lhe trazer felicidade, sem a necessidade de recursos externos, ou seja, trata-se de um sentimento essencial, profundo e verdadeiro.

Essa busca deve ser mantida, esse compromisso zelado cuidadosamente, com a certeza de que a lei do livre-arbítrio é companheira inseparável da lei da ação e reação (carma ou causa e efeito). Elas são infalíveis, regidas igualmente como as leis da física mais conhecidas, como a da gravidade, por exemplo.

Porém, alerto novamente para o fato de que a maioria dos seres é motivada pelo sofrimento e pela dor. Quando esses fatores são controlados, as pessoas acabam se esquecendo das necessidades do espírito, a evolução, a busca contínua, e com isso se distanciam de novo desses compromissos vitais para a consciência. Quantas pessoas encerram suas jornadas quando a dor vai embora, quantas...

Esquecem que a dor, o sofrimento e a doença são flechas dos anjos que nos alertam para a necessidade de corrigir nossas ações e pensamentos, que são verdadeiras técnicas pedagógicas utilizadas pela sabedoria universal (Deus) para que possamos aprender e evoluir.

Por isso, se você não assumir e cumprir um compromisso real e nutritivo, a evolução do seu espírito, a vida, o universo e seus infinitos mecanismos vão lembrar-lhe o tempo todo – não como um Deus malvado e punitivo, mas com o rigor da lei da ação e reação – que um caminho de obscuridade consciencial prejudica todo mundo. E, honestamente, Deus é muito bom com todos nós, ele alerta, nos mostra caminhos, nos ensina, nos ajuda, utilizando para isso mecanismos ilimitados e constantes, mas estamos tão míopes que não aprendemos com avisos sutis, precisamos provar a dor.

E isso se dá todos os dias em nossas vidas, basta observar. Olhe nos arredores, veja quanta gente doente, quanta dor, quanto sofrimento e quanta infelicidade. A busca por essa espiritualidade leve, amorosa, acessível é mais do que suficiente para darmos um salto além dessa nuvem densa de sofrimento. Esse é um caminho mais do que necessário, é vital, imprescindível. É possível transformar tudo isso em uma nova realidade positiva e iluminada, mas será fundamental a dedicação aos compromissos com sua própria essência. Experimente fugir disso se você quiser, até teste essa lei universal, e veja os resultados. Mas se você não quer correr o risco de testar e sentir dor, então quem sabe seja melhor pensar sobre tudo isso, dedicando importância ao tema, sentindo com o coração e se abrindo para Deus de forma sincera, honesta e com intenção amorosa.

OS CONFRONTOS DA VIDA NOS PREPARAM PARA O SUCESSO

Os confrontos da vida podem nos tornar pessoas mais espiritualizadas e evoluídas, basta que não nos sintamos vítimas do mundo e que tenhamos bom humor para encarar os fatos e assumir nossas responsabilidades em relação às mudanças e às atitudes necessárias.

Contudo, se somos tão limitados em nossas percepções, como podemos captar o que está por trás de tudo?

Os confrontos da vida são necessários para colocar em xeque tudo aquilo que você julgava ser verdade. Nesse embate, as ilusões do ego são confrontadas com a sua essência divina, daí a sua importância vital.

Mas existem muitos riscos nessa adversidade. Você pode se vitimizar, se sentir carente, chorar, se entristecer, se lamentar, reclamar e reclamar. Muito bem, esse é o caminho da autoenganação e consequentemente da construção das doenças. O pior de tudo é que é um caminho que o conecta a uma sequência de alienação e crises constantes, tudo mostrando a necessidade de fazer uma transformação interna intensa.

Os confrontos da vida são evidentemente compreendidos como crises, problemas, azar. No entanto, dizem respeito a uma lógica espiritual, ou, melhor, à lei de causa e efeito.

Perceba que a glória ou o fracasso são construídos e arquitetados, consciente ou inconscientemente. Se sua vida é o maior fracasso, tenha certeza de que, mesmo sem saber, você ergueu tijolo por tijolo dessa construção, ou, melhor, esse castelo do terror que sua vida se tornou.

Mas a glória e o sucesso são também conquistados pelo planejamento e a realização de um projeto pessoal. Alguns projetos dão certo, outros, nem tanto, mas todos deixam seu aprendizado. Quantas são as pessoas que precisam fracassar antes de vencer? Isso ocorre simplesmente pela necessidade de aprendizado. Então? Está aí a chave: aprender que mesmo o fracasso pode ser instrumento da vitória.

Uma pessoa espiritualizada aprende a ter noção desses processos e desenvolve condições para aproveitar cada movimento da vida como um instrumento de evolução, em tudo, sempre!

Está sofrendo? Pare, pense: o que eu poderia ter feito diferente? Aja de maneira diferente a partir de agora. Abandone as culpas e prossiga. Está doente? Cure a sua forma de pensar e sentir. Equilibre as suas emoções definitivamente, expanda sua consciência, amplie os seus limites de uma vez por todas!

Se você está morrendo, com os dias contados, em estado terminal, lembre-se: sua consciência não morre! Seu corpo não é a sua consciência, ele é apenas o veículo do plano físico que carrega a sua alma nesta existência. Mesmo que você só tenha 24 horas de vida nesse corpo, comece agora, mude! Isso no mínimo vai ajudar a sua consciência a elevar o máximo possível a sua alma para dimensões positivas, com mais harmonia e sutileza.

E se o mundo acabar daqui a alguns dias?

Não importa... Se você tiver a consciência mais evoluída, tornando-se alguém espiritualizado, jamais vai sofrer ou se importar com isso, já que, mesmo que soubesse que todas as vidas estariam por ser dizimadas do planeta, ainda assim saberia que sua alma suportaria as catástrofes do plano Terra. Não importa o que aconteça, se pensar em evoluir, expandir a sua consciência, mesmo que o mundo acabe, você sabe que a sua essência divina e seu espírito se perpetuarão. Não importa o que aconteça, se for um ser espiritualizado, sempre vai estar numa boa.

Haja o que houver, busque o seu Deus interior, procure ser uma pessoa melhor, e saiba que esse processo pode acontecer de diversas formas, independentemente de crenças ou religiões.

Uma consciência espiritualizada dá asas para a alma. Sem ela você se torna pesado, denso e totalmente dependente da terceira dimensão e de todas as ilusões do ego. É comum a sensação de medo e insegurança para tudo. Medo de perder o emprego, de romper o relacionamento, medo da solidão, medos e medos.

Espiritualizar-se é atingir um estado constante de busca por expansão da consciência, e isso lhe dá a certeza de que, não importa onde nem quando, as coisas vão dar certo!

Se a espiritualidade é um estado de consciência que o sintoniza em uma frequência, e esta, pela lei da atração (ressonância), desencadeia acontecimentos na mesma vibração, conscientize-se definitivamente: Quanto mais espiritualizado você for, maior será a sua capacidade de ser feliz e livre!

NÃO COLOQUE A CULPA NO OBSESSOR!

Na grande maioria das vezes, é comum uma pessoa se motivar em buscar sua espiritualidade porque experimenta um período de calamidades emocionais, crises financeiras e existenciais. As portas do mundo parecem fechadas para ela, e é possível que estejam mesmo.

São momentos em que tudo dá errado, mas muito errado mesmo, a ponto de todos ao redor sentirem pena. Nesse instante, não é possível ignorar que há algo estranho acontecendo. Além disso, muitas vezes o indivíduo adoece, sendo acometido por dores fortes e outras complicações físicas. Na verdade, o mundo cai desse modo porque foi construído ao longo da vida sem alicerce firme, e agora a pessoa está colhendo o que plantou.

Nesses momentos, a pessoa recorre a tudo de que ela já tenha ouvido falar, procurando ajuda para renascer e sair dessa lama que sua vida se tornou. No desespero, inicia uma caminhada louca tentando amenizar a dor e o sofrimento, muitas vezes sem medir as consequências. É comum a procura por milagres, milagreiros, gurus.

Não estou desvalorizando a figura daqueles que estão ensinando, portando-se como verdadeiros mestres, que ajudam as pessoas a se entenderem em seus aprendizados. No Brasil e no mundo, existem milhares de seres bem-intencionados, preparados, dedicados e verdadeiramente especiais, pois sem eles a situação do planeta seria ainda pior. Refiro-me ao fato de que, quando a pessoa mergulha em um desespero, ela cria a tendência de colocar a culpa no outro. Então, naturalmente, ela também vai achar que a solução de seus problemas está com alguém externo - comportamento condizente com quem está fora do eixo.

Nessa busca por amenizar a dor, é comum as pessoas buscarem igrejas, templos, religiões e filosofias que atribuem a causa de tanta desgraça, crises e problemas à presença de seres desencarnados chamados de obsessores ou encostos. É claro que a influência produzida por espíritos desencarnados e desequilibrados é nociva! Porém, quero evidenciar que a culpa não é do encosto, do obsessor, do demônio ou sei lá de quem. A pessoa, por seu comportamento, seu padrão emocional e mental, a sua conduta de vida, moral, ética é que repele ou atrai tais influências.

Considero que a ajuda às pessoas que sofrem esse tipo de influência seja necessária e que as energias intrusas precisam ser removidas para que a pessoa viva feliz, mesmo porque, muitas vezes, sem ajuda externa ela não consegue se libertar sozinha. Só que atribuir toda a culpa de um fracasso atual para um obsessor, puxa vida, aí é injustiça!

Pergunte-se em primeiro lugar: o que eu fiz para atrair esse tipo de influência? Por que eu estabeleci essa afinidade? Onde eu errei? O que preciso mudar para isso não acontecer mais? É disso que estou falando! A ajuda externa é importante sim, mas não vai adiantar nada se você não mudar a sua maneira antiga de pensar, e isso dá trabalho, requer empenho e dedicação.

Quantas pessoas se dizem obsediadas, vão às suas igrejas ou templos fazer descarregos, limpezas, purificações, desobsessões, e, no entanto, depois que voltam para casa, brigam com seus cônjuges, cultivam mágoa, ódio, consomem álcool, cigarros, e não mudam nada em seus comportamentos. O que será que acontece depois?

Não demora nada e a influência espiritual se forma outra vez. Isso tudo sabe por quê?

Porque a única diferença que existe entre uma pessoa e seu obsessor é que um está vivo e o outro não, só isso. Estão sintonizados pelo padrão de pensamentos, pelos vícios compatíveis, emoções densas etc, desobsessão simples, sem grandes doses de consciência, dificulta a evolução de qualquer ser.

Quando a pessoa se purifica e se eleva, a afinidade com esses seres se desfaz. Com o padrão psíquico melhorando, passamos a atrair seres espirituais com intenções muito mais elevadas, configurando-se nesse caso como uma bênção e não uma influência negativa.

SEJA SOLO FÉRTIL PARA AS OPORTUNIDADES

As oportunidades estão presentes a todos que estão abertos. Se você as quer, então abra seu coração, sua mente, sua percepção e deseje com toda a sua força interior. Aprender a usar os movimentos e as leis do universo a seu favor é um ótimo exercício de crescimento pessoal, já que treina a sua espiritualidade, transcendendo a barreira do lógico, da terceira dimensão, do materialismo.

O pilar básico dessa jornada é o desenvolvimento da fé. Mas o que é a fé? Considero até um pouco de arrogância procurar traduzir em palavras o verdadeiro sentido dessa expressão. No entanto, falando genericamente, fé é a certeza de que tudo vai dar certo. Fé pode ser traduzida também como um padrão de pensamento apenas em vibrações positivas, muito elevadas. Que fique bem claro que fé cega não leva a lugar nenhum, tampouco resolve problemas. Tenha fé e aja de maneira condizente com seus propósitos, abra-se por inteiro, dedique-se aos seus objetivos, mergulhe fundo e abrace a causa.

As energias universais estão disponíveis a todos para serem manipuladas, assim como a argila nas mãos habilidosas de um artesão, que faz o que quiser, tamanhos e modelos que desejar, graças à sua habilidade. A capacidade de sermos artesãos com habilidade é dada a todos, mas para isso a pessoa precisa mergulhar fundo na busca de uma sintonia de luz, aprender a se espiritualizar, conhecer o seu Eu e aprender a encontrar energia pura, qualificada e de maneira intensa.

Quando se quer evoluir, junto com essa vontade é preciso honestidade, sinceridade e amorosidade, para se abrir a todas as possibilidades que vão surgir. Coisas inéditas vão lhe ocorrer, pensamentos inovadores, novas amizades e situações inesperadas. Pode ser que tudo comece a mudar à sua volta, simplesmente por se abrir de coração para um desejo honesto e amoroso de se espiritualizar, evoluir e transcender a sua realidade conflitante. Fique atento, não se surpreenda com nada, tudo pode acontecer, pois o universo vai se ajustar para lhe trazer essa nova consciência. Não desperdice nada, procure observar tudo, lembrando que a sensibilidade do seu honesto coração é a sua maior aliada. Mude o seu pensamento e seja feliz nesse novo caminho!

Pensar é ser
Por Ramão da Costa Chagas

Se você anda tão triste, chorando feito criança,
A torturante lembrança, de um mau acontecimento.
Saiba que a solução não é chorar com razão,
É trocar de pensamento.
Não são os fatos que fazem a vida de uma pessoa,
A vida é má ou boa, conforme o seu pensamento.
Há no seu interior uma força superior
Que desfaz o sofrimento.

Os fatos não vão na frente da vida e dos seus efeitos,
Os fatos é que são feitos, do seu próprio pensamento.
Mudando sua cabeça, nova vida já começa,
Neste precioso momento.

É melhor você saber que na vida, sobe ou desce,
Passa fome ou enriquece, vence, perde, fica ao vento,
Sofre, se alegra, tem paz, vai em frente ou volta atrás,
Conforme o seu pensamento.

Pois agora, se você sofre grave depressão,
Sem nenhuma reversão apesar do tratamento,
Tenha certeza de que a cura é milagrosa e segura,
Ao trocar de pensamento.

Se você anda abatido, solitário, inquieto e farto,
Trancado sempre no quarto, num profundo desalento.
A cura se estabelece, como o milagre da prece,
Ao trocar de pensamento.

Não é pensando em tristeza que sua vida se arruma,
A rosa sempre perfuma, o espinho é sempre espinhento.
Tristeza gera tristeza, não se muda a natureza,
Se troca de pensamento.

Pois então diga, repita, sem mudar um só instante,
Eu sou alegre e radiante, cheio de contentamento.
Sou feliz, muito feliz, querem saber o que eu fiz?
Eu troquei de pensamento.

A intuição
nunca está errada,
mas existem
várias formas
equivocadas
de ouvi-la.

@BRUNOJGIMENES

CAPÍTULO 4

A BUSCA DA ORIENTAÇÃO INTERIOR

A CONSCIÊNCIA ESPIRITUAL DO SÉCULO XXI

Estamos precisando expandir a nossa consciência, o que é uma legítima busca por espiritualidade, que significa conhecermos mais sobre nós mesmos. Buscar a espiritualidade é elevar a consciência para níveis que nos propiciem o entendimento definitivo de que nada se cria, tudo se transforma. Não como uma lei que aprendemos na escola, mas compreendendo isso com consistência, sentindo com todas as células do nosso ser.

Precisamos compreender, de uma vez por todas, que toda ação tem uma reação com sentido oposto e com mesma intensidade. Que não existe um Deus que castiga e pune, mas que nossos atos podem se voltar contra nós mesmos. Precisamos compreender que a lei da atração sintoniza os acontecimentos aos pensamentos de mesmo padrão.

Não podemos negar. Basta olharmos a história da Humanidade e vermos que, mesmo ainda engatinhando nesse crescimento, a Humanidade está evoluindo. E isso deve ser olhado sob uma perspectiva otimista, para percebermos que, mesmo com tantas insanidades humanas, ainda assim estamos evoluindo, desenvolvendo-nos naturalmente. É fácil percebermos esse avanço. Basta assistirmos a um filme que retrate histórias de épocas remotas para percebermos essa evidência e sentirmos o quanto o nosso planeta, em meio a tantos desastres, também evolui. Mas não dá para ignorar o fato de que o nosso planeta também está muito doente, debilitado, ferido, por consequência de tantos maus-tratos.

É importante tocar nesse assunto para enfatizar que buscar a espiritualidade no século XXI se dá em uma condição muito diferenciada do que foi no século XV, por exemplo. O melhor é que ninguém é condenado e morre na fogueira por falar de espiritualidade. Se aquela conduta ainda existisse, eu mesmo, certamente, já teria virado churrasco!

Esse universo de possibilidades, aliado à necessidade emergente de curar o planeta, bem como à tecnologia de informação acessível, torna tudo mais fácil e especial. Por isso, buscar a espiritualidade no século XXI é uma tarefa com prioridade máxima, no entanto muito mais simples agora do que já foi nos séculos anteriores. A grande dádiva divina para esse momento é que podemos, de maneira inédita, unir ciência, tecnologia e espiritualidade para, por meio dessa comunhão bem-sucedida, criarmos possibilidades de resolver os problemas do mundo. Veja os equipamentos eletrônicos avançadíssimos, os computadores, os celulares, a medicina tão bem-equipada, remédios incríveis, os meios de comunicação globalizados, a informação em tempo real, o rádio, a televisão, a mídia em geral, os modernos meios de transporte, as novas fontes de energia ecologicamente corretas e muito mais. Por termos a oportunidade de ver e ajudar nessa união fantástica da ciência e da espiritualidade, em prol de uma causa nobre, esse momento histórico pode ser considerado um presente de Deus para a Humanidade.

O que mais motiva nessa busca por espiritualidade é que, quanto mais elevarmos as nossas consciências a níveis angelicais, mais nos tornaremos livres, abandonando o sofrimento e curando a miopia que não nos permite compreender os mecanismos naturais de evolução universal.

Só tem ódio, raiva, ciúme, inveja, medo, insegurança, mágoa quem não compreende esses mecanismos universais (a maioria da população mundial). Quem busca e encontra a espiritualidade dentro de si pode até sentir essas emoções negativas periodicamente, até mesmo em função do inconsciente coletivo em que vivemos. Mas com essa nova forma de ver o mundo será possível não nutrirmos mais essas inferioridades, e a cura desses aspectos vai se tornar algo real.

Refiro-me à capacidade de não ser solo fértil para esses aspectos inferiores, que são ilusões do ego. Quem busca essa espiritualidade dentro de si próprio confronta-se com momentos mágicos, repletos de alegria e plenitude, que, consequentemente, geram motivação para ajudar o próximo. Naturalmente, vai brotar um forte empenho em mostrar para as outras pessoas as "boas novas". Podemos nos tornar geradores de energia positiva que, produzida abundantemente por alguém em seu equilíbrio espiritual, pode tranquilamente ser emanada para mais pessoas ao redor, para os ambientes e para o planeta em geral.

Nesse momento, faz-se necessária muita tolerância, compaixão, paciência e, principalmente, respeito para compreender que cada pessoa possui seu tempo de despertar, que não necessariamente será igual ao nosso.

Vivemos ligados no piloto automático por muitos anos, concentrados apenas nos interesses do ego, que não se baseiam nas verdadeiras necessidades do espírito. Por um motivo qualquer, de uma hora para outra, buscamos essa espiritualidade, e podemos encontrá-la. Quando isso acontece, é como se uma bomba de luz explodisse conceitos e visões antigas da sua vida. Então você se dá conta do quanto adormeceu e perdeu tempo, do quanto já sofreu, e de que essa nova consciência poderia ter sido um poderoso instrumento para resolver as adversidades do passado, com muito mais leveza e eficiência.

Quando alguém se abre e expande a sua consciência, é como se pudesse ter uma visão periférica (igual à das águias) que lhe permite enxergar longe e amplamente. Fruto desse processo, um encantamento intenso acontece, tanto que muitas vezes pode até desequilibrar a pessoa, provocando um certo fascínio. Esse fenômeno é incompreendido por aqueles que ainda não despertaram para essa espiritualidade, podendo ser interpretado como fanatismo.

Quando essa abertura ocorre, o indivíduo quer a todo custo que as pessoas próximas a si também experienciem essas dádivas, oriundas dessa consciência mais espiritualizada. Porém, cada um tem seu tempo, e isso deve ser respeitado, a fim de que a pessoa não faça papel de louca e desequilibrada perante aqueles que ainda não estão maduros para descobrir os benefícios desse novo estado de consciência.

Esse é um momento crítico e especial, já que você pode se descobrir, se desenvolver e se tornar realmente uma pessoa espiritualizada, pois rompeu um véu de ilusões que cobria a sua percepção sobre tudo, o que é incrivelmente prazeroso.

É importante não se iludir e redobrar a atenção para não cair no fascínio. Experimentar essa irradiante sensação é exuberante e, se não souber ter equilíbrio nesse processo, danos sérios podem surgir. A pessoa fascinada pode se tornar chata, inconveniente, fanática, já que força a natureza evolutiva das pessoas, quase que as obrigando a se espiritualizarem. A pessoa esquece que "alguns minutos antes" ela estava em total estado de adormecimento e agora, quando descobre algo novo, já quer impor para os outros.

Por isso eu pergunto: você acabou de descobrir um novo universo, elevou a sua consciência, mas de que adiantou se não conseguiu aceitar que seu próximo ainda não passou por isso? Você, agindo assim, considera-se realmente espiritualizado?

Ser espiritualizado é conhecer mais sobre nós mesmos e saber respeitar os momentos de cada um.

A mente não tem sentimento, mas o coração tem consciência.

@BRUNOJGIMENES

CAPÍTULO 5

ESPIRITUALIDADE COM SIMPLICIDADE

TUDO É SIMPLES MESMO

Desenvolver nossa espiritualidade não é somente nos abrirmos para o novo, mas fecharmos a porta para um mundo de coisas negativas que temos o tempo todo ao nosso redor. A mídia contaminada, as notícias ruins, os hábitos negativos, as atitudes vitimistas, as reclamações constantes, as drogas, o álcool, os vícios em geral e a destruição do planeta planeta estão nessa lista.

Os passos práticos para se tornar uma pessoa espiritualizada inicialmente se dão por eliminação de coisas pequenas em nossas vidas, que, mesmo sem percebermos, são nocivas. O mau humor, a ironia, a falta de paciência e a falta de gratidão são algumas delas.

A necessidade de nos espiritualizarmos não consiste somente em desenvolvermos um aprendizado consciencial, haja vista que a nossa essência original é angelical e pura. A realidade é que desenvolver a espiritualidade é descontaminar o espírito de cargas tóxicas do psiquismo denso e nefasto criado pelos próprios homens por meio de seus desvios, ilusões, desejos materiais, futilidades e vaidades.

A espiritualidade está presente na pureza do espírito que, na realidade terrestre, se esquece do seu Eu verdadeiro, e, para que volte a se lembrar, acaba por enfrentar adversidades geradas no próprio meio físico, já que muito provavelmente é apenas através dessa via que o homem consegue se comunicar com ele mesmo. Isso é triste, porque mostra o quanto a natureza angelical de cada ser está invadida pelos equívocos do plano material, dos pensamentos negativos e da mente mesquinha do universo inferior.

Nós fazemos nosso próprio inferno, bem como nosso próprio paraíso, e isso independe de ambientes externos – é tudo dentro de nossa própria consciência.

Toda a malha magnética desse organismo doente e afetado que é o planeta Terra necessita de um movimento de regeneração que se dá através de cada célula que precisa trabalhar em prol do corpo. Se isso não acontece, as doenças emergem. Adivinha quem são as células?

Cada ser vivo da Terra é uma célula desse grande organismo, e, assim, podemos concluir que nosso planeta está padecendo de câncer no cérebro, no coração, no estômago. Estamos deixando que essa doença se alastre em função da negligência consciencial que vimos praticando displicentemente há séculos e séculos. Nós nem sabemos mais o que é certo e o que é errado. Estamos deixando a maré levar o barco para onde as ondas quiserem.

Quanto materialismo, quanta destruição, quantos tráficos: de drogas, armas, animais, crianças, órgãos humanos e tantos outros. Estamos destruindo a nossa chance de sermos melhores. Estamos consumindo a capacidade de amar e praticar a caridade. Ainda assim, as pessoas perguntam: Para que se espiritualizar?

Por isso, espiritualizar-se, mais do que tudo, é se descontaminar de qualquer ato ou pensamento anticristão, antinatural. É muito mais do que fazer isso ou aquilo, na verdade, é focado em não produzir internamente as densidades, drenando as inferioridades e nos transformando em focos de luz diante dessa escuridão em que vivemos. Logo, se transformarmos nossas atitudes, com gestos simples, nos tornaremos, no mínimo, vários candelabros acesos com lindas velas, e assim já poderemos enxergar um pouco mais à frente.

É importante perceber que se espiritualizar não é uma tarefa louvável de múltiplos aplausos, é uma obrigação e uma necessidade emergente! Essa é a ferramenta que vai libertar o homem da condição de escravo de si mesmo. Porque tanto ricos como pobres, crianças ou idosos, brancos ou negros, pela natureza do universo, vão sofrer um dia, vão desenvolver doenças e enfrentar graves crises, porque isso faz parte do mecanismo pedagógico do grande arquiteto do universo, que se utiliza de situações inusitadas para nos aproximar da real missão na Terra: a evolução, o crescimento e a harmonia em todos os aspectos.

Pois bem, olhe para qualquer pessoa e veja se ela já sofreu um dia. Perceba que todos enfrentam a vida, cada um à sua moda. No entanto, no sofrimento da enfermidade, das crises e dores da alma e do corpo, a forma de agir faz toda a diferença. E isso graças aos estados conscienciais de cada ser.

O homem que se conhece e conhece as leis imortais torna-se livre, pois, como disse Jesus:

"Conhecereis a verdade e ela vos libertará."

O homem, sabendo quem é, de onde veio e para onde vai, deixará de ser um cego para a vida e encontrará o rumo que deve seguir, desenvolvendo as suas potencialidades e tornando-se plenamente feliz, por saber-se ilimitado!

Espiritualizarmo-nos é aprendermos definitivamente a criar luz interna, tornando-nos preenchidos, completos e, sobretudo, capacitados para ajudar a quem precisa com muita propriedade. Estamos tão distantes de nossa essência espiritual que não sabemos nem ajudar ao próximo, mesmo quando queremos. Não temos sabedoria para praticar a caridade. Somos lesados nesse quesito. Temos tanto para aprender...

Diante de tanta ignorância, não enxergamos um palmo sequer à nossa frente e ainda temos o ego de nos considerarmos sabichões. É para rir de desgosto pelo quanto estamos limitados! E é por isso que precisamos transcender as ilusões da terceira dimensão e desse universo tão desorientado, para que possamos nos tornar, ou, melhor, conhecer-nos e revelar-nos como seres ilimitados, pois somos partícula de Deus e obedecemos à mesma capacidade de sermos abundantes e iluminados. As respostas devem ser encontradas dentro de cada ser, pois, quando aprendemos a nos abrir e conectar com o divino, passamos a nutrir o divino dentro de cada célula, e por isso podemos ter as respostas internamente também, sem a necessidade de gurus (apenas facilitadores) dessa dimensão. Precisamos viver um momento de unicidade e não de dualidade. Precisamos acender essa chama que há dentro de cada um, aprender a buscar constantemente o silêncio de uma oração e a paz da meditação. Definitivamente, as respostas não são encontradas nas outras pessoas, no entanto na intimidade espiritual de cada um que questiona. Deus está em cada indivíduo, assim como cada um está em Deus, e isso deve ser aprofundado.

Devemos falar menos, agir mais e, ao falar, lapidar e adoçar as palavras para que propaguem o bem e a paz. Precisamos povoar as nossas ideias com vibrações da melhor qualidade, o que jamais conseguiremos com noticiários, jornais e internet publicando, o tempo todo, tanta discórdia e dor. Não conseguiremos jamais sintonizar as nossas ideias nos mais elevados padrões energéticos ouvindo músicas densas, apelativas e com sentido moral totalmente deturpado.

É importante darmos mais foco para a competição interior de querer ser uma pessoa melhor a cada dia, do que ser melhor que o nosso próximo nas típicas batalhas do dia a dia. Essa deve ser a única e real competição a disputarmos e, principalmente, sairmos vencedores. É importante tirarmos a atenção dos problemas, transferindo-a para a compreensão da verdadeira causa da existência e, finalmente, encontrarmos e realizarmos a nossa missão da alma, que é o propósito maior de cada pessoa que aqui vive. Só existe uma única missão para cada ser nesse plano: aquela que Deus quer...

É fundamental estender a mão para que o universo retribua, é crucial amar mais, para que sejamos mais amados. Se compreendemos essas leis naturais, tudo fica mais simples.

NA PRÁTICA

Normalmente, os desequilíbrios começam quando você:

- Se afasta da sua real essência, quando a interação mente x corpo se desorganiza, fazendo-o deixar de ser você mesmo e de fazer as coisas que verdadeiramente ama, que são as que mais lhe fazem bem;
- Se esquece de que o seu propósito divino é evoluir, de que você é uma consciência que por meio das diversas experiências pode aprender e crescer constantemente;
- Se esquece de que o que importa realmente é o que menos está aparente;
- Se apoia em coisas que não têm relação com a sua essência;
- Rejeita a sua espiritualidade e desiste de encontrar e realizar a missão da sua alma;
- Se perde nas ilusões do ego, acreditando que sua existência está basicamente fundamentada no plano físico, no seu corpo, na sua aparência, nos seus bens, e assim se afunda nas armadilhas da terceira dimensão;
- Acha que sabe tudo;
- Não se ama, tampouco ama seu próximo.

Por essas e por outras que buscar a espiritualidade pode ser uma ótima maneira de superar todas as armadilhas, mantendo-se sintonizado com um equilíbrio constante, evoluindo naturalmente.

QUER SE ESPIRITUALIZAR?

1. É PRECISO VONTADE, INICIATIVA, AÇÃO

Esse processo pode ser motivado pela dor ou pelo amor. No caso da dor, ocorre pela necessidade emergente de se curar, de mudar algo, de conseguir ajuda para amenizar seu sofrimento - quase uma questão de sobrevivência.

Quando o fato motivador são as crises e o sofrimento, é primordial que você perceba isso rapidamente, entendendo que foi esse o instrumento de sua busca por espiritualidade. Isso vai ajudar bastante.

Um segundo motivo pode lhe trazer vontade de se espiritualizar. É a sua própria consciência e bom senso lhe trazendo simplesmente uma sensação de que está na hora de trilhar esse caminho de crescimento e evolução. Infelizmente, esse segundo grupo é mais raro. Que pena que tem que ser assim, já que o próprio ciclo da natureza pode nos ajudar a refletir todos os dias. O fato de acordarmos e dormirmos todos os dias já manifesta que nascemos e morremos também, diariamente. A manhã é naturalmente a manifestação da energia nascente, do novo, cheio de vida. A noite manifesta o recolhimento, a meditação, a introspecção. Porém, normalmente não nos permitimos aproveitar com equilíbrio os ciclos naturais da vida.

Assisto todos os dias a casos de pessoas que buscam se espiritualizar utilizando-se de meios totalmente complexos, só que a espiritualidade está no simples, leve e natural. E veja a complexidade da mente humana, até na hora de buscar a Deus percorremos os caminhos mais difíceis e tortuosos, procuramos em tantos lugares sem percebermos que tudo está dentro de nós.

Espero que você esteja buscando a sua espiritualidade, guiado por um chamado interior, desenvolvendo a competência de evoluir sem que o universo precise lhe lembrar de que você deve fazer mudanças.

É importante lembrar que todos somos imperfeitos. Se não fôssemos, não estaríamos residindo no planeta Terra.

O momento atual do planeta exige que cada ser, na sua individualidade, evolua e faça a sua parte. Essa tarefa não é simples para a maioria de nós, visto o estado de alienação espiritual em que estamos. Na verdade, esse crescimento espiritual seria em tese algo muito simples, quem sabe até banal, sem mistérios, por ser inerente à natureza do ser. Mas o universo em que vivemos é tão contaminado pelos interesses do ego, do materialismo e de outras inferioridades, que até a busca pela espiritualidade acaba se tornando algo complicado, cheio de regras, técnicas, dogmas e determinismos. E o pior é que estamos transferindo essa tarefa para os outros, achando mestres, gurus, salvadores, religiões incríveis, técnicas infalíveis, esquecendo que somos nossos próprios mestres, senhores de nosso livre-arbítrio. Gerando tanta complexidade fica difícil!

Acessar Deus é uma das coisas mais fáceis do mundo, só querer basta. Se você não se mexer, não buscar e não agir, esse crescimento espiritual não vai acontecer. Aja, comece agora.

2. É NECESSÁRIO FUGIR DA ALIENAÇÃO

Quando buscamos ter iniciativa e criar novas atitudes na direção da espiritualidade, seja pelo amor ou pela dor, é preciso que as coisas sejam esclarecidas!

Isso significa que você vai precisar se descontaminar completamente, olhando de maneira nova para antigos conceitos. Nesse momento, vai ser necessário criar uma nova rotina, focada plenamente em você, no contexto do seu autodesenvolvimento. Assumir e cumprir compromissos consigo é o ponto alto dessa etapa. Refiro-me ao compromisso com a sua essência, com o seu espírito ou Eu interior. Não confunda, não estou falando de se tornar uma pessoa egoísta, pensando apenas em você e mais ninguém. Refiro-me à necessidade de aprender a separar, na sua rotina diária, espaço para o seu Eu.

A prática constante de leituras edificantes, cursos, vivências, participação em palestras, encontros, grupos, vivências favorecendo essa busca de forma consciente, pode e deve levá-lo a uma saturação positiva por conta de tanto envolvimento no tema. Isso é exatamente o que a mídia contaminada e o inconsciente coletivo nocivo geram em nossas vidas, mas para o lado negativo. O processo é o mesmo: é saturação dos temas que se objetiva aprender, para que isso gere um mergulho consciencial, mas aqui o foco é positivo.

Já abordamos os perigos das palavras negativas, que afetam significativamente o equilíbrio das pessoas e dos ambientes. Sabemos que as pessoas doentes adoram falar sobre doenças. O contrário disso é verdadeiro: pessoas espiritualizadas falam sobre espiritualidade, pensamentos superiores, amor e temas construtivos.

Lembre-se: é importante que isso ocorra de maneira universalista, com os pés bem calçados no discernimento. Não se engane, não julgue, não questione com a mente, questione com o coração aberto! O seu filtro é o seu coração. Ele é responsável por dizer o que é bom ou não para você. Seu coração é o regente desse processo.

Nessa fase, impera a necessidade de realizar uma mudança de atitude, que requer persistência e pode lhe dar um pouco de trabalho no começo. Toda mudança de hábito gera resistências, mas quando você começar a sentir os benefícios dessa conduta, sentindo mais energia e leveza, tudo vai ser mais do que suficiente para você se motivar a continuar.

É importante que você sempre priorize as suas tarefas, compromissos e até mesmo diversões. É desejável que sejam condizentes com esse novo hábito, que possam sempre trazer conhecimento, sabedoria e evolução espiritual. Tome consciência de quantas coisas fazemos o tempo todo que não servem para absolutamente nada.

Quando se interessar por atividades voltadas direta ou indiretamente para o crescimento espiritual, você vai naturalmente acelerar esse processo e viver melhor, porque dessa forma não haverá tanto desperdício de energia.

3. É FUNDAMENTAL BUSCAR E AMOROSIDADE – A SUPERFICIALIDADE DESTRÓI

É imprescindível viver o universalismo, afinal, a melhor religião é a do coração e a melhor filosofia é fazer o bem, senão fica impossível aprofundar qualquer aprendizado, pois, quando alguém acredita que as coisas acontecem de acordo com uma religião, doutrina ou filosofia somente, torna-se alguém superficial.

O determinismo é a bactéria que pode infectar essa etapa da sua vida, e o antibiótico é a humildade e o discernimento do coração. É importante ter atenção sobre o perigo de se fascinar com uma só doutrina, religião ou filosofia, achando que definitivamente decifrou todos os mecanismos do universo. Grande erro!

Estamos todos, sem exceção, imersos em uma atmosfera plena de ignorância. Todos nós temos uma missão. Cada ser tem seu propósito específico e definido. No entanto, todos os seres que aqui habitam estão com a tarefa de curar a ignorância. Logo, se a ignorância é o mal da Humanidade, dizer que os fenômenos do universo obedecem a apenas uma regra, caminho ou fórmula é arrogância, e arrogância limita.

Sejamos inteligentes para abrirmos o coração e nos espiritualizarmos de maneira universalista, conscientes de que a melhor religião é aquela da orientação interior. Existem ilimitados caminhos para acessar a luz divina, e nós não conhecemos quase nada desse universo de possibilidades. Com muita humildade, sem determinismos e sem arrogâncias, podemos aprender um pouco de tudo. Se você "fincar o pé" em uma única religião ou doutrina, certamente vai cometer o erro grave e destrutivo de ser superficial. Mesmo que seja extremamente conhecedor dos ensinamentos que segue, ainda assim, perante a grandiosidade do universo, se apenas se aprofundar nessa linha, será superficial. Você pode e deve aprofundar o seu conhecimento sobre uma filosofia ou religião, mas, se ficar só nesse meio, pode ser um atraso de vida.

Crie a sua conduta interna com base em quantas filosofias forem necessárias ou úteis – orientais, ocidentais, universais. Aprenda um pouco de tudo. Conscientize-se das formas diferentes de ver Deus, mas lembre-se de usar seu filtro interno, seu leme que é o seu coração. Ele possui a programação interior de cada ser, assim, só ele tem a capacidade de dizer o que é melhor para cada pessoa.

É importante aprofundar, mergulhar na essência da espiritualidade, sentindo o coração pulsar nessa vibração, expressando esse amor em todas as células do seu ser.

A espiritualidade deve ser entendida, admirada e sentida com todas as células, senão jamais será real.

@BRUNOJGIMENES

CAPÍTULO 6

TRANSFORMANDO A ESPIRITUALIDADE EM SUCESSO PESSOAL

ESPIRITUALIDADE É UM ESTADO DE ESPÍRITO

O estado de espírito é uma energia que carrega as suas emoções, pensamentos, sentimentos. Essa energia pode ser impregnada positiva ou negativamente de acordo com a qualidade desses aspectos. Se alguém armazena pensamentos, sentimentos e emoções negativos, obviamente seu estado de espírito resultante repetirá esse padrão. Essa força existe em todas as pessoas, é um campo de energia que oscila de acordo com o universo interior de cada um, podendo se expandir ou se retrair.

Nosso estado de espírito é nosso genuíno campo de força. Temos a capacidade de moldá-lo a todo momento, abastecendo-o ou esvaziando-o com vitalidade. Aspectos inferiores da nossa personalidade são os principais vilões, os verdadeiros sabotadores desse estado de espírito. Quando se manifestam constantemente, o nível de energia do campo vai sendo drenado, desqualificado, gerando nocividades. Muitas culturas, principalmente as orientais, reconhecem plenamente esse mecanismo, e por isso adotam com disciplina técnicas para elevar os níveis energéticos desse campo pessoal, praticando meditações, utilizando a respiração de maneira apropriada, estabelecendo uma alimentação natural, balanceada e saudável, entre outras formas. Vale destacar que nenhuma dica será eficiente se a pessoa não conseguir trazer essas melhorias para seu estado de espírito. Só haverá crescimento consciencial se ela sentir com a força que vem do fundo do coração essas mudanças, impregnando-se de energia positiva.

Não adianta nada ser um exímio teórico sobre a espiritualidade se não transferir toda essa vivência para seu coração. Tampouco adianta ser vidente, sensitivo e paranormal. Isso remete a algo que já ouvimos muito: "Ainda que falasse a língua dos anjos, sem amor no coração, de nada valeria".

A consciência de que falamos o tempo todo, não apenas a do campo mental, pois flui de todas as células, é carregada de amor e fé, e por isso não é limitada ao nível da mente, ela é quântica.

Uma pessoa que busca a espiritualidade pode se considerar vitoriosa quando elevar seu estado de espírito a um nível que gere amor, felicidade e paz plena constantemente (esporadicamente não adianta), aprendendo a criar luz interna e expandindo para o externo.

Inúmeras pessoas sabem tudo tecnicamente sobre a espiritualidade, mas, quando chegamos perto delas, não conseguimos sentir uma vibração amorosa. Isso manifesta que tem algo errado. Quer dizer que o estado de espírito delas não está constituído das mesmas essências que elas falam. Isso é a legítima expressão: da boca para fora.

No entanto, sentimos facilmente que de algumas pessoas (que não necessariamente sabem ler ou escrever) vem uma energia acalentadora, envolvidas que estão por presenças magnéticas de amor e bondade. É um estado energético que faz qualquer um sentir profundo amor, porque esses seres em suas simplicidades conseguem desenvolver intensa amorosidade, de dentro para fora, e, o que é melhor: com tanta exuberância que transbordam para todos ao seu redor essa fragrância sublime. Esse é o ponto, elevar tanto o estado de espírito que influenciar positivamente as pessoas se torna tarefa simples e natural.

Esse é o estado de espírito a que me refiro, capaz de transformar ambientes em segundos, trazendo benefícios imediatos para todos os presentes. O mais surpreendente é que todos podemos construir essa condição. Muita gente já possui esse campo desenvolvido naturalmente, enquanto outros apresentam esse estado totalmente negativo e nocivo, a ponto de danificar objetos, desvitalizar animais, plantas, pessoas, gerando transtornos, dores, incômodos, tensões à sua volta. A natureza é muito sutil, por isso nem sempre percebemos essas oscilações na qualidade da energia dos ambientes. Mas, se você observar mais atentamente (lembre-se do item 2 – fugir da alienação) as coisas ao seu redor, com uma ótica nova, certamente compreenderá esse mecanismo.

Daí a importância de nutrir a nossa espiritualidade, porque essa consciência é quem melhor contribui para a formação de um estado de espírito forte, positivo, benéfico para todos. Quando a pessoa atinge esse estado, ela passa a se tornar um agente de cura planetária, pois, por onde anda, irradia bênçãos.

Diversas pessoas, com intenções positivas e desejo de ajudar aos outros e ao planeta, com frequência se sentem confusas por não saberem como começar. Elas estão cheias de vontade de ajudar, mas não sabem como. Não sabem se procuram obras de caridade, projetos sociais, hospitais, pessoas carentes, enfim, vivem essa dúvida marcante. Nesse caso, sempre penso que a melhor forma de ajudar é nutrindo a própria espiritualidade, tornando-se um intenso ponto de luz, irradiador de energia positiva para todos os lugares. O fantástico é que esse estado de espírito emana energia mesmo a distância, através do pensamento focado. Isso quer dizer que, se você está com um estado de espírito exuberante, cheio de amor e positividade, só o fato de concentrar o pensamento em um lugar ou pessoa já provocará uma irradiação de bênçãos. Uma força positiva será transferida para o foco do pensamento. Vale lembrar que o contrário disso obedece à mesma lei natural. Uma pessoa cheia de mágoa, ódio e perturbações, quando foca o pensamento em algum lugar ou pessoa, pode afetar efetivamente seus estados energéticos. Mais uma vez, o "Orai e vigiai" é o melhor instrumento que temos.

Estados de espírito desequilibrados e negativos são percebidos quando próximo de nós acontecem eventos como:

- ✔ lâmpadas queimam constantemente, mesmo não havendo problemas na rede elétrica;
- ✔ as coisas quebram, emperram, estragam, danificam na sua presença;
- ✔ você fica tempo demais em filas – algo excessivo;

- ✓ todas as pessoas à sua volta sempre vêm reclamar de problemas, dores, doenças, justamente para você, na verdade parece que elas adoram lhe contar, mesmo existindo muita gente, você é o escolhido;
- ✓ todo ônibus, trem, avião, carro que você pega, de maneira estranha, acaba se atrasando, estragando ou apresentando problema, com uma frequência maior que a normalidade;
- ✓ você tem fama de azarão;
- ✓ as pessoas do seu convívio são complicadas, inconvenientes; você sempre se incomoda com elas;
- ✓ você e as pessoas ao seu redor são frequentadores assíduos de hospitais, consultas médicas e farmácias;
- ✓ as coisas ao seu redor ou mesmo com você costumam cair no chão, quebrar, fazer estragos inusitados.

Quando compreendemos os efeitos, tanto positivos quanto negativos, desencadeados pelos estados de espírito, passamos a utilizar essa consciência em prol do crescimento, prosperidade e sucesso pessoal. Passamos a sentir na pele os efeitos das leis do livre-arbítrio, da ação e reação, bem como da atração. Isso gera uma disciplina capaz de produzir maravilhas na vida de qualquer pessoa, mesmo porque qualquer distração nesse cuidado pode significar grandes transtornos.

DICAS PARA CONQUISTAR ESTADOS DE ESPÍRITO POSITIVOS:

Desenvolva o hábito de meditar, rezar, serenar a mente, por no mínimo cinco minutos, três vezes ao dia. Essa prática trará efeito se você conseguir cessar seus pensamentos e relaxar, não importa onde, trata-se de um treino. Veja um exemplo que gera resultados incríveis, se você tiver disciplina em fazer. Mesmo assim, você poderá criar seu próprio método, esse é apenas um modelo.

Meditação de relaxamento e equilíbrio

- ✔ Encontre um lugar em que você não seja interrompido.
- ✔ Procure uma posição confortável, pode ser sentado ou deitado.
- ✔ Feche os olhos e respire fundo por 20 vezes. Conte de 1 a 20 – pode ser mentalmente – os ciclos respiratórios. Ao respirar, preencha bem os pulmões, inspirando e expirando pelo nariz.
- ✔ Ao término das 20 respirações profundas, mentalize, imagine, acredite que uma linda luz vem do céu e entra pelo alto da sua cabeça. Deixe que a sua imaginação determine a cor ou as cores dessa luz.
- ✔ Sinta, imagine que essa luz vai fluindo por todo o seu corpo, lentamente, passando da cabeça aos pés, por todas as partes do seu corpo.
- ✔ Acredite que essa luz está limpando todo o estresse, cansaço, medo, ansiedade, dores, angústia ou qualquer desequilíbrio que você possa ter.
- ✔ Quando imaginar ou sentir que a luz flui livremente por todo o seu corpo, imagine que ela o envolve em uma bolha de luz, paz, equilíbrio e proteção.
- ✔ Novamente deixe que sua imaginação determine a cor ou as cores que essa bolha possui.
- ✔ Nesse estado de tranquilidade alcançado, faça uma oração de agradecimento. Expresse sua gratidão por tudo e todos, desde as coisas mais simples até as mais complexas. A gratidão é a porta de acesso entre nossos corações e o coração de Deus.

- ✔ Sintonize com o Deus de sua crença, com leveza e amor.
- ✔ Procure aproveitar esse estado calmo e leve por uns dois ou três minutos, então lentamente, sem pressa e com movimentos suaves, desperte seu corpo, se espreguice, abra os olhos e volte à rotina normal. Você também pode fazer esse relaxamento antes de dormir, pois proporcionará incríveis benefícios.

Durante o dia, faça quando acordar, logo após o almoço, antes de dormir, e sempre que sentir cansaço, estresse, dores ou desconfortos. Você também poderá fazer antes de situações que necessitem de especial clareza mental e força interior, como, por exemplo, uma prova escolar, uma reunião de trabalho, entre outras situações de tensão mental e emocional.

Vai aqui um desafio: faça como recomendado, e no final de apenas três dias você já será uma nova pessoa, mais cheia de energia, equilíbrio e paz.

TRANSFORMANDO ESPIRITUALIDADE EM SUCESSO

O sucesso é a construção de um estado de espírito constantemente positivo, forte, intenso, que vai gerar sucessivos acontecimentos e vivências, podendo transformar a sua vida em uma experiência rica, prazerosa, exuberante. Daí a vida passa a ser mágica e encantadora! Existem muitas pessoas que conquistam esse estado e experimentam essa energia linda que estou chamando de sucesso. É interessante perceber que várias pessoas que se encontram em um estado de espírito enfraquecido e negativo vão achar que aqueles que encontraram sucesso assim o fizeram por mera sorte. Claro que alguns conseguem chegar às glórias de uma vida de sucesso com mais facilidade que outros, mas isso não quer dizer que não exista uma fórmula. Se uma pessoa pode, logo, todos podemos, por diferentes caminhos e maneiras, só que, em todos os casos, a criação e a preservação de um estado de espírito positivo, irradiante, são as chaves dessa conquista.

    Se você não sabe o que é ter essa consciência, tampouco sente essa energia irradiar com amor de dentro para fora, provavelmente jamais irá experimentar a felicidade real, verdadeira e concreta.

    Se você não tiver disciplina para nutrir sua energia e seu estado de espírito, mantendo-o permanentemente iluminado, até poderá experienciar fases de sucesso, no entanto jamais conseguirá sentir a força do verdadeiro sucesso, que advém da sucessiva ocorrência de fatos positivos, sequencialmente, um após outro, sem fim. Esse processo, quando compreendido, transforma a vida de qualquer ser humano, estimulando-o a compreender que o mecanismo é tão óbvio a ponto de gerar internamente a expectativa positiva do próximo acontecimento, bênção ou dádiva. Esse é um mecanismo que funciona: manter o tempo todo uma expectativa interna de que o melhor está por vir, que as coisas boas estão para acontecer, novidades positivas, acontecimentos maravilhosos, pessoas abençoadas se aproximando e um estado de alegria que faz a alma brilhar.

Fé cega, só acreditar e não se mexer em direção aos seus anseios, de nada adianta. "Deus ajuda a quem cedo madruga" pode ser interpretado como "conseguimos o que queremos quando nos alinhamos na direção de um objetivo e fazemos a nossa parte".

Para conseguir esse estado de espírito pleno de luz positiva e irradiadora, a pessoa precisa se conhecer, aprendendo a se magoar menos, a sentir menos raiva, ódio, inveja, ciúme, carência, rejeição, abandono, baixa autoestima, pessimismo, insegurança, entre outros aspectos inferiores do ser. Ou seja, para você alcançar e manter o sucesso em todos os aspectos de sua vida, vai precisar se melhorar como indivíduo, e desenvolver a sua espiritualidade para entender de que forma fazer isso, compreender seus papéis no universo, a missão da sua alma e todas as suas necessidades emergentes de evolução. Não dá para encontrar e manter o seu sucesso pessoal se você não for uma consciência espiritualizada. Pense nisso!

DICAS PARA SE ESPIRITUALIZAR

- ✓ Sintonize-se com o movimento de evolução, jamais pare de buscar ou estudar!
- ✓ Pense na sua vida com uma visão mais ampla, analisando a sua missão na Terra, o seu papel junto às pessoas e o seu nível de comprometimento para melhorar o mundo e ajudar na evolução tanto pessoal como coletiva.
- ✓ Desenvolva visão holística das coisas, dos acontecimentos, dos relacionamentos e das situações adversas. Nada acontece sem motivos, portanto, abra sua percepção para entender que o universo se comunica conosco através dos mais inusitados sinais, então jamais ignore essa dança silenciosa que movimenta a vida no planeta.
- ✓ Jamais se feche no mundo material. O universo físico, que abrange finanças e conquistas materiais, é vital para nossa felicidade e harmonia, mas é apenas um um aspecto do todo. Viver uma vida material com consciência da vida espiritual é o segredo para se equilibrar no contexto da evolução da consciência. Portanto, saiba que você é um espírito tendo uma experiência material, jamais se esqueça disso.
- ✓ A busca pela espiritualidade é a busca pela verdade, movimento que carece de dedicação, estudo, empenho e curiosidade. A zona de conforto nos destrói, porque o universo é dinâmico e a evolução é constante, assim, temos que acompanhar esse fluxo. Toda vez que você parar de evoluir, estará criando uma força de oposição a esse fluxo, o que normalmente provocará muitos conflitos, infelicidades, fracassos e doenças em sua vida.

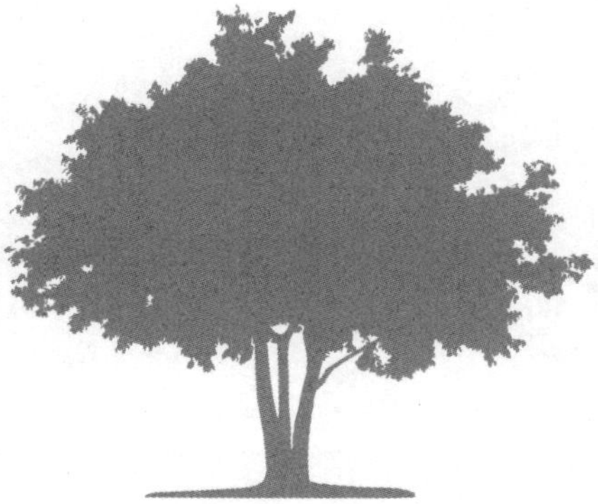

O questionamento com o discernimento do coração é um sol particular em cada ser.

@BRUNOJGIMENES

CAPÍTULO 7

PERGUNTAS E RESPOSTAS SOBRE O TEMA

PERGUNTAS E RESPOSTAS

1. **O QUE É REALMENTE UMA PESSOA ESPIRITUALIZADA?**

Alguém que tem a consciência desenvolvida, no sentido do entendimento de que somos muito mais que um corpo físico, que somos um espírito em evolução.

É uma pessoa que vive em uma proposta de amor, de crescimento e evolução, fundamentada no respeito ao próximo, na compreensão do seu papel nos planos de Deus, de onde vem, para onde vai. É um ser que entende que a família é muito mais que a união de pessoas, que não existem vítimas, que nada é permanente se não for construído com a força do espírito, que dinheiro não é tudo, mas pode construir grandes feitos se usado com discernimento.

Um indivíduo espiritualizado é alguém que vive na dimensão material, com a consciência de uma dimensão espiritual e da imortalidade da alma.

2. **QUAIS SÃO AS VANTAGENS DE SER UMA PESSOA ESPIRITUALIZADA?**

A compreensão da verdadeira natureza do ser traz a consciência dos mecanismos do universo, sejam eles positivos ou negativos. Na natureza, a evolução é um fluxo natural que não podemos bloquear, tampouco restringir. Essa força natural vai continuar vibrando para que as mudanças aconteçam e a evolução se faça.

Tornando-nos pessoas espiritualizadas, aprendemos a nadar a favor da correnteza, o que não estamos fazendo atualmente. Desenvolver essa consciência mais espiritualizada é como utilizar um mapa para entender um território. Aprendemos a identificar a melhor trajetória, a desviar de possíveis adversidades e, principalmente, a entender onde queremos chegar. Isso tudo se traduz em conquistar felicidade, nos desapegarmos, nos tornarmos autossuficientes, termos melhor saúde e, acima de tudo, aprendermos a amar mais em todos os sentidos.

3. O QUE É A ESPIRITUALIDADE DENTRO DESSE CONTEXTO?

É uma força, uma energia ou consciência mais elevada e divina, que nos banha com sabedoria e entendimento. Perceba que o mundo não para de evoluir. É só olharmos para a História e constatarmos isso. Pois bem, dentro desse contexto, a espiritualidade é uma ferramenta muito importante que deve ser usada no sentido de auxiliar a nossa adaptação a essa evolução, que precisa seguir acontecendo. É uma fonte de ajuda para todos nós!

4. SOMOS OBRIGADOS A NOS ESPIRITUALIZAR?

Claro que não! Vivemos no planeta do livre-arbítrio, essa lei universal que é irmã da lei da ação e reação, também conhecida como lei do carma. Não somos obrigados a nos espiritualizarmos, mas somos necessariamente conduzidos no rumo da evolução, somos empurrados. A decisão de não nos espiritualizarmos gera uma consequência (reação), que é a ignorância, o grande mal da Humanidade. Dessa forma, a pessoa que não busca elevar a sua consciência acerca de sua existência também padece com a ignorância e miopia espiritual. Espiritualizarmo-nos é algo tão natural que está embutido na nossa jornada evolutiva. Imagine um aluno na escola: ele pode não querer estudar para passar de ano, certo? Sim, mas, se ele quiser avançar nos seus estudos e um dia se formar, vai precisar estudar e passar em todos os exames. Ainda assim, se essa não for sua vontade, tudo bem, ele tem livre-arbítrio. Só quero dizer que parece sensato o fato de estudar sempre, para seguir evoluindo e tornar-se alguém melhor a cada dia.

5. O QUE ACONTECE SE EU NÃO QUISER NEM SABER DE ME ESPIRITUALIZAR E SEGUIR TOCANDO A MINHA VIDA, SEM ME PREOCUPAR COM ISSO?

Estamos vivendo com uma proposta básica e até simples de evoluir. Evoluir significa purificar nossas inferioridades, eliminando essas emoções, sentimentos e pensamentos negativos, como mágoas, medos, depressões, tristezas, pessimismos, egoísmos, ansiedades, estresses. Esse é o fluxo natural do universo: a evolução. Se você não quiser se espiritualizar, isso não vai impedir que o universo siga seu caminho. Todavia, mudanças vão acontecer em sua vida, mesmo que você não deseje, no sentido de ajustá-lo a esse processo. Sem conhecer esse mecanismo natural, ou seja, sem desenvolver essa consciência, a dor, o sofrimento e a perda de energia serão inevitáveis.

Quando a barragem de um rio estoura, tudo que estiver à sua frente estará sujeito à ação das águas, e assim age o universo. Nesse caso, não adianta nadar contra a correnteza, o melhor a fazer é embarcar em uma canoa e deslizar nas águas da evolução!

6. COMO AUXILIAR PESSOAS DE NOSSO CONVÍVIO A LIVRAR-SE DO MAU HUMOR?

Mau humor significa que a pessoa não gosta da vida dela, que não gosta de ser quem é, que não está contente com as coisas à sua volta, que não consegue encontrar alegria nas pequenas coisas. É algo que só consegue ser nutrido pelas pessoas distantes do entendimento do que é a verdadeira espiritualidade. Não pode ser alimentado por aqueles que compreendem um mínimo que seja sobre espiritualidade.

As pessoas com mau humor constante são normalmente aquelas que ainda não encontraram a missão de suas almas, por isso estão em desequilíbrio com a energia primordial de Deus, pois para todos existe uma finalidade neste planeta e nesta existência. Quando a pessoa não consegue desvendar os mistérios da real finalidade de sua existência, desalinha-se de sua fonte energética, desanima-se, a vida perde a graça e, por consequência, esse sentimento negativo fica evidente.

Nesse contexto, o melhor que temos a fazer para ajudar essas pessoas é auxiliá-las a encontrarem suas essências divinas.

7. **QUAL É A FORMA MAIS SIMPLES DE ENTENDER O QUE DETERMINADA DOR OU SOFRIMENTO ESTÁ TRAZENDO COMO APRENDIZADO? APÓS ASSIMILAR E ACEITAR, ELE É CONSIDERADO FATO CONSUMADO?**

Eis um dos grandes mistérios de nossa existência, a compreensão do papel de cada situação ou acontecimento em nossas vidas. Sempre que ocorre a dor ou a doença, algo está errado. Pode até ser que a pessoa não compreenda perfeita e detalhadamente o aprendizado em questão, mas genericamente esses fatos indicam que a vida dela precisa ser repensada. Que as atitudes e condutas precisam ser modificadas, o pensamento regenerado. Sempre significam necessidade de aprendizado, em cada etapa e em cada instante. O nível de aprofundamento no aprendizado e sua postura perante o problema é que são determinantes para a sua evolução.

8. **POR QUE É MAIS DIFÍCIL TER PACIÊNCIA E AMOR INCONDICIONAL COM PESSOAS QUE VIVEM DENTRO DA NOSSA PRÓPRIA CASA?**

Porque a família é a união de espíritos unidos por laços cármicos e de afinidades. Ou seja, está na família o nosso maior desafio, porque ela reúne condições para que aflorem as nossas maiores inferioridades. A organização familiar normalmente cria gatilhos que geram os aprendizados necessários. Se a vida é uma escola, então podemos considerar que a família é a nossa sala de aula!

9. **Uma pessoa que passou toda a sua vida mergulhada no ódio, na raiva, no ciúme, no medo, na inveja, na insegurança, automartirizando-se, simplesmente precisa decidir correr atrás de se espiritualizar e tudo está resolvido? Ela precisa passar por um processo de cura, de limpeza, para dar lugar a novos sentimentos? Como esse processo acontece?**

Uma pessoa que vive envolta de tais emoções negativas dificilmente reconhece ou percebe a necessidade de se espiritualizar. É mais difícil nesses casos que ela, por vontade e iniciativa própria, comece a buscar por sua espiritualidade. Isso porque tais inferioridades vão distanciá-la desse despertar, já que são energias sem qualquer afinidade com a leveza da consciência divina.

Nesse caso, para que a pessoa se aproxime da sua essência divina e mergulhe fundo nos interesses da alma, elevando sua consciência espiritual, são necessárias situações mais drásticas, porque com simples sinais sutis do universo ela não entende as mensagens.

São casos comuns a todos nós. A consequência dessa negligência normalmente é dolorosa, tende a levar a pessoa ao fundo do poço. Não é castigo de um Deus severo e punitivo, apenas consequência de nossos atos falhos e descaso com nossa real finalidade, a evolução. Esse processo é traumático, porque, na maioria das vezes, a pessoa que está flutuando em mares de emoções negativas jamais percebe que os fatos ocorridos em sua vida são consequências de suas atitudes equivocadas. Naturalmente, desenvolvem a prática de se justificar, de encontrar culpados e de se vitimizarem. A intensidade das ocorrências vai aumentando cada vez mais e com elas a dor e o sofrimento, até que a pessoa inicia a tão necessária reforma íntima, muitas vezes, só depois de arcar com graves turbulências em sua existência terrestre.

Uma hora ou outra a pessoa começa seu processo de evolução, pois faz parte da natureza de cada ser. Essa busca antecipada é que nos aproxima da espiritualidade com consciência e leveza, para tirar de letra esses aprendizados.

10. Qual é a diferença entre espiritismo e espiritualidade?

O espiritismo é uma doutrina que foi codificada por Allan Kardec, no século XIX, na França, e que possui muitos adeptos no Brasil e no mundo. Pode-se dizer que é uma linhagem de estudo e compreensão sobre a espiritualidade.

A espiritualidade é uma força, uma consciência divina, uma energia que pode ser considerada uma ferramenta que nos ajuda a evoluir. A espiritualidade não é dessa ou daquela religião, doutrina ou filosofia. É uma energia do todo que está em tudo.

11. Como conseguir equilíbrio entre espiritualidade e materialismo?

Nossa missão na Terra é evoluir. Estamos habitando este planeta porque aqui se reúnem as condições necessárias para nosso crescimento. Evidencio que o dinheiro e bens materiais são instrumentos que podem e devem facilitar a nossa evolução, porém, se utilizados sem discernimento e sem altas doses de consciência, podem ser grandes armadilhas na jornada de qualquer pessoa. Podem gerar fascínio e alienação da verdadeira finalidade do dinheiro, que não é alimentar a alma.

Esse equilíbrio pode ser alcançado quando compreendemos que o dinheiro é uma energia da terceira dimensão, que não acompanha a pessoa depois da morte. Ele é importante, pois é uma forma de energia neste planeta, mas não pode nos dominar. Nós é que devemos dominá-lo. Por último, toda pessoa que estiver ciente de que somos espíritos em evolução e de que tudo neste mundo é temporário passará a ver o dinheiro apenas como uma, entre muitas engrenagens, de um grande motor.

12. O que é obsessor vivo?

É qualquer pessoa que rouba a energia de algo ou alguém. Quando você suga a energia de outra pessoa, quando quer exercer controle ou intimidar alguém, também estará exercendo o papel de obsessor vivo.

Se você não vive sem algo ou alguém, depende disso para existir, consequentemente é um obsessor. Pode ser que seja obsediado também. Isso acontece com uma naturalidade espantosa, em função de acreditarmos que nossa felicidade está projetada em uma pessoa ou situação específica, o que é um grande erro.

13. Como interpretar corretamente a intuição?

Isso não é tarefa fácil, pois requer disciplina, bons hábitos e atitudes. Para que a intuição seja um recurso poderoso, precisamos aprender a povoar a nossa mente e a nossa alma com emoções, pensamentos e sentimentos positivos. Em outras palavras, quanto maior o equilíbrio emocional de uma pessoa, maior será a sua capacidade de interpretar corretamente a intuição. Alguém cheio de raiva, ciúme, posse, insegurança não consegue ter neutralidade na sua energia para que não interfira nessa captação. Existem outros fatores que diminuem a qualidade intuitiva, como, por exemplo, o consumo de álcool, fumo, drogas, bem como a alimentação carnívora.

De qualquer maneira, para que a intuição seja uma vertente de informações puras, a mente e o coração da pessoa precisam ser tão puros quanto possível.

14. Com a miséria e a tristeza fica difícil a pessoa evoluir, sendo que, nessa condição, é quase impossível pensar em Deus. Qual é a sua opinião?

A miséria já é um instrumento de Deus para estimular a pessoa a refletir sobre os verdadeiros valores da vida - não como um Deus que pune, mas como um mecanismo natural que reage de acordo com nossas ações. Nenhuma folha cai de uma árvore sem um determinado propósito. Nesse caso, essa condição precária em que a pessoa se encontra pode ser a única forma de estimulá-la à verdadeira reforma íntima de que ela carece. Lembre-se: não existem vítimas, nem vilões, tampouco culpados.

15. Quando alguém costuma cultuar um cemitério, visitar um túmulo, é porque essa pessoa tem remorso, ou não disse ou fez o suficiente pelo desencarnado?

Normalmente, a pessoa visita o túmulo de alguém porque não entende que ali só reside o corpo físico em decomposição. Ela não tem a consciência de que a alma é imortal, tampouco aceita a existência de outros planos e dimensões. Se assim fosse, ela compreenderia que não existiria qualquer finalidade nessa visita. Além disso, sentimentos mal-resolvidos, como o remorso, podem ser grandes motivadores dessas inúteis visitas a sepulturas.

16. Então a pessoa só pode ser considerada espiritualizada se ela aceita a perda de um ente querido sem sofrer, sem relutar e ainda ser feliz?

Na busca pela espiritualidade, não podemos colocar rótulos, classificar pessoa por pessoa ou julgar. Na cultura ocidental, por exemplo, é comum alguém ser espiritualizado e, mesmo assim, sofrer com a perda de um ente querido. Isso porque desde criança nos ensinaram a entender que a morte é o fim. Essa cultura é muito sólida e só vai ser modificada com o tempo.

Quanto mais a pessoa elevar sua consciência espiritual, mais capacidade de compreender a morte ela terá, bem como condições para diminuir a dor e o sofrimento, consequências de um apego e um egoísmo ainda muito enraizados na nossa cultura ocidental.

17. O QUE VOCÊ PENSA A RESPEITO DE CONVERSAR MENTALMENTE COM ALGUM ENTE DESENCARNADO?

O problema dessa comunicação mental é que, na grande maioria dos casos, ela acontece na forma de lamentações e súplicas, regada por emoções negativas, como nostalgia, carência e apegos, dificultando a evolução dessa alma desencarnada.

A boa e velha oração, voltada para o objetivo de ajudar esse espírito a evoluir, onde quer que ele esteja, é a mais adequada forma de contribuir e expressar o verdadeiro amor incondicional.

18. QUAL É O MELHOR CAMINHO PARA A BUSCA DA ESPIRITUALIDADE?

Não existe um melhor caminho, assim como não existe uma melhor doutrina ou religião. Há milhares de caminhos que podem nos ajudar a desenvolver essa consciência. O fundamental é que a pessoa aprenda a assumir e cumprir compromissos com ela mesma, sendo indispensável que se dedique muito, aprenda a olhar para dentro de si, aprenda a se guiar pelo coração, pela intuição.

O melhor caminho é uma escolha pessoal. Mas é sensato dizer que sempre deve ser acompanhado de muito discernimento, humildade para exterminar qualquer forma de absolutismo ou determinismo. Também é importante frisar que, se não houver dedicação e aprofundamento, a busca fica complicada.

A prática de leituras edificantes, o desenvolvimento do hábito da oração, as meditações, a participação em palestras, a realização de vivências e cursos sobre a temática da espiritualidade, o contato com a natureza também são bons caminhos para se desenvolver.

19. SE EXISTEM TANTOS CAMINHOS ADEQUADOS PARA BUSCAR DEUS, PORQUE HÁ TANTA BRIGA POR DEFENDER QUAL É A MELHOR RELIGIÃO?

Porque existe ignorância, disputa de poder, necessidade de controle, ego, vaidade e um distanciamento enorme da verdadeira Fonte Divina. Essa forma de estimular a espiritualidade está verdadeiramente fora de moda, haja vista a evidente evasão de fiéis de muitas religiões pelo mundo.

As religiões podem ser instrumentos auxiliares para ajudar as pessoas a buscarem espiritualidade, no entanto não são indispensáveis e não detêm a verdade integral sobre nada.

20. O QUE É O UNIVERSALISMO?

É uma forma de desenvolver a consciência sem dogmas ou paradigmas, sem determinismos, que procura unir a sabedoria do Oriente à do Ocidente, a ciência e a espiritualidade, aproveitando tudo que é bom, sem preconceitos. É o mesmo que dizer que a melhor religião é a do coração, e a melhor filosofia é a de fazer o bem, com simplicidade, leveza e amorosidade.

21. O QUE SIGNIFICA DIZER QUE A MELHOR RELIGIÃO É A DO AMOR E QUE A MELHOR FILOSOFIA É DE FAZER O BEM?

Significa que, para desenvolver a espiritualidade, não precisamos ser de uma religião ou outra. Não é necessária essa escolha. A melhor forma de buscar a evolução espiritual acontece pelo discernimento do coração, humildade, simplicidade e leveza. Fazer para o outro o que queremos que nos seja feito!

22. Você poderia comentar um pouco mais sobre o lixo psíquico e emocional, descrevendo de que forma é criado pelo homem?

Refiro-me à energia negativa criada por nossas emoções e pensamentos nocivos, que geram ondas de vibrações igualmente negativas. Como as pessoas produzem essas ondas constantemente, criam-se concentrações de energias densas e nocivas que pairam no planeta, as quais cristalizam uma atmosfera psíquica negativa, contaminando-nos e estimulando-nos a gerar mais e mais negatividade, em um círculo vicioso de inferioridades.

Considero que o desenvolvimento de uma consciência espiritualizada pode ser um instrumento poderoso para despoluir o nosso planeta, atualmente tão debilitado e cansado.

23. Você diz que não basta ser "bonzinho" para resolver o problema do mundo. Como assim?

Estou evidenciando que, na condição atual do planeta, apenas olhar para si próprio não vai resolver os problemas. Fomos nós que transformamos a Terra neste caos psíquico, portanto seremos nós os responsáveis por curá-la. Não há como nos ausentarmos dessa responsabilidade. Precisamos contribuir para essa regeneração. É claro que isso passa por melhorar a nós mesmos em primeiro lugar. Só não podemos nos perder no egoísmo e esquecer que a situação é emergencial.

24. Se existem várias formas de buscar a espiritualidade e essas independem de religiões, então qual é o papel das religiões nesse contexto?

As religiões são importantíssimas para muitas camadas da população, em todo o mundo. Algumas pessoas estão tão distantes de suas essências que não sabem nem por onde começar essa caminhada. Não estão prontas para desfrutar dessa liberdade presente no século XXI.

Muitos indivíduos, em seus determinados estágios evolutivos, sem uma regra ou método, jamais conseguiriam vislumbrar qualquer forma de espiritualidade. Outro fato importante é que muitas religiões são sérias e bem-intencionadas, apresentando maneiras saudáveis de estreitar essa conexão do Eu do ego com o Eu divino, portanto, se usadas com sabedoria, podem ser muito úteis.

Chamo a atenção para o fato de que vivemos em um período especial, porque jamais houve tantas possibilidades e tanta liberdade nessa busca, e, por consequência, quem souber utilizar com harmonia essa dádiva divina para a atualidade dificilmente irá se prender a qualquer religião. Isso porque não é saudável para a evolução espiritual adotar apenas uma via de acesso a Deus.

25. AS PESSOAS QUE ACREDITAM QUE SEUS PROBLEMAS SÃO CAUSADOS PELA AÇÃO DE ESPÍRITOS DESENCARNADOS MAL-INTENCIONADOS TÊM ESSE COMPORTAMENTO POR NÃO ADMITIREM SEUS PRÓPRIOS ERROS OU POR INSEGURANÇA DE ENCARAREM A SUA REALIDADE?

Sempre há por parte de todos nós uma tendência de acharmos culpados para os problemas que nos ocorrem. Nesse caso, é muito comum a pessoa entender que os problemas são causados, simplesmente, pela ação de espíritos negativos, esquecendo que semelhante atrai semelhante. Quero dizer que é natural que a presença de tais espíritos desencadeie uma série de desequilíbrios e conflitos na vida dela. Só que nunca podemos esquecer que fomos nós, pela negligência com a espiritualidade e essência divina, que geramos isso. Baseados nesse exemplo, é sempre mais fácil não admitir a necessidade de mudança de atitudes e colocar a culpa no espírito, que se alimenta da vitalidade alheia.

26. Qual sua dica em relação às tatuagens? Elas podem ser feitas em locais que não sejam prejudiciais ao corpo?

Tatuagens de forma geral sempre provocarão uma alteração no fluxo energético da pessoa. Muitas vezes, podem até não ser algo significativo. Existem técnicas, como a radiestesia, que podem contribuir para determinar áreas de menos influências. Mas, a prática de se tatuar também está inserida na lei do carma. Para toda ação existe uma reação. E, nesse caso, fica difícil prever, em longo prazo, que tipo de consequências podem ser geradas.

O ideal seria a utilização de tatuagens temporárias, que pudessem ser removidas com facilidade. Como essas ainda não existem ou não agradam aos seus adeptos, francamente, a melhor opção é a de não fazê-las.

27. Por que o mundo chegou a esse nível tão crítico, em que todas as pessoas padecem de intensos desequilíbrios nas emoções?

Porque, desde o início dos tempos, o homem foi se distanciando da sua real finalidade neste planeta. Isso foi aumentando mais e mais as ilusões do ego, que tomaram conta da Humanidade como um todo. A disputa de poder, o excesso de materialismo, o apego, a vaidade, a ambição foram se alastrando pelos quatro cantos do mundo.

Em resumo, perdemos completamente a noção de quem somos, de onde viemos e para onde vamos. Desligamo-nos completamente de nossa Fonte Divina e fomos negligentes com as necessidades do espírito, focando nas necessidades ilusórias do ego, fatores mais do que suficientes para gerar tanto desequilíbrio.

28. Como encarar, de forma prática, no dia a dia, o desapego?

Desenvolvendo a capacidade de entender, principalmente, que a nossa felicidade não depende de coisas, bens, conquistas materiais ou de terceiros. É preciso compreender que as coisas materiais são importantes e benéficas, que os relacionamentos são necessários, que a presença de outras pessoas em nossas vidas é natural, mas não são construtoras ou responsáveis por nossa plenitude.

Esse desapego vai ocorrendo à medida que a pessoa se espiritualiza e se conscientiza de que tudo é temporário, e que coisas materiais não são permanentes. Com isso, percebe que sua felicidade depende exclusivamente do seu próprio empenho, e que fatores externos são meros coadjuvantes do processo.

29. Quais são as vantagens da busca pela espiritualidade no século XXI?

Nunca, em toda a história da Humanidade, existiu um momento tão propício para se espiritualizar e crescer consciencialmente. Liberdade, abertura, acesso, disponibilidade, tecnologia de ponta, informação em tempo real etc. A ciência, aliada à espiritualidade, já dá sinais de ser a grande força evolutiva para este século. Isso tudo, utilizado com sabedoria pelo homem, se configura em um momento especial.

30. O que é a sintonia de luz? Como criar essa sintonia e como se manter nela?

Sintonia de luz é uma corrente energética positiva com força e intensidade, capaz de contribuir muito para a elevação da vibração atual do planeta, diminuindo o caos, os desequilíbrios gerais, o lixo psíquico e emocional da Terra.

Qualquer pessoa pode se sintonizar com essa frequência, basta que seja disciplinada para manter sua vibração pessoal elevada, por meio de atitudes simples e conduta moral superior. Depois, para que se mantenha conectada, precisa aprender a dizimar qualquer forma de crítica em sua vida. Em seguida, precisa manter um compromisso em abastecer essa corrente, emanando orações, bons pensamentos e intenções, rotineiramente.

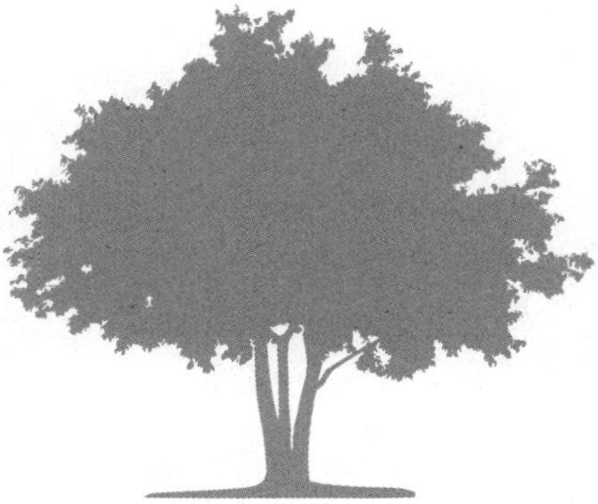

A força que vem da oração é uma semente plantada pelo homem e regada por Deus.

@BRUNOJGIMENES

CAPÍTULO 8

CONSTRUINDO UMA SINTONIA DE LUZ

CRIANDO CONEXÕES DE ORAÇÕES

Existe um costume fortemente enraizado na cultura das pessoas em geral. Quando não gostamos ou não concordamos com o comportamento de alguém, tecemos a nossa infalível crítica, que, mesmo não sendo expressa verbalmente, apenas no pensamento, já tem uma energia e direção.

Não estou defendendo que os comportamentos inferiores das pessoas à nossa volta devem ser simplesmente ignorados, tampouco afirmando que esses aspectos não são perturbadores. Contudo, mesmo que a pessoa não esteja agindo de forma adequada, que seu comportamento seja negativo, nunca devemos tecer comentários igualmente críticos ou negativos, já que isso irá reforçar esse padrão de comportamento. É óbvio e natural que haja uma reação, mesmo que silenciosa em nossas mentes. Quando somos insultados, afrontados, ofendidos, magoados, é disparada internamente uma resposta para aquele fato. É isso que temos de aprender a controlar!

Quando alguém nos faz algo de ruim, alguma coisa realmente imprópria ou inferior, é porque essa pessoa, mesmo que momentaneamente, está em uma vibração baixa que a faz pensar, sentir e produzir essas inferioridades. Quando impiedosamente manifestamos verbalmente ou mentalmente a nossa crítica para esse alguém, estamos projetando nele mais energia negativa e, por consequência, reforçando ainda mais essa vibração baixa.

Honestamente, é muito difícil para qualquer pessoa, nessas condições, conseguir segurar os comentários ou reações. Só que o resultado desse processo natural é que não conseguimos ajudar quem precisa evoluir, e pessoas que produzem constantemente inferioridades são as que mais precisam crescer espiritualmente. Por conseguinte, recebem essa vibração inconscientemente e se mantêm cada vez mais nessas vibrações densas que tanto geram problemas.

Trazendo isso para a prática, se você não concorda com o comportamento da sua cunhada, por exemplo, não manifeste sua crítica, não comente nem verbalize. Se você não suporta a arrogância do seu chefe, por favor, não perca seu tempo em criticá-lo, isso vai fortificá-lo ainda mais nessa arrogância. Se você não aguenta mais a sua sogra, está cansado do seu marido ou esposa, não tem mais paciência com seus filhos, pelo amor de Deus, não os critique, não reclame pelos comportamentos de que você não gosta. Isso só vai reforçar ainda mais esses aspectos negativos. É claro que ninguém gosta de passar por conflitos, mas projetar a sua crítica, mental ou verbalmente, realimentará esse ciclo negativo que tende a ficar cada vez pior. Com o tempo, quando os comentários, críticas ou reclamações continuam a acontecer, um campo energético consistente nessa vibração característica é criado, gerando uma rede de impulsos vibratórios na frequência das inferioridades, e isso ancora comportamentos negativos no indivíduo que recebe a crítica. Essa energia concentrada dificulta muito a evolução da pessoa. Mesmo que ela, um dia, se dê conta de que precisa melhorar e se redimir de seu comportamento inadequado, sentirá uma dificuldade enorme. Isso porque essa energia criada pelas críticas dificultará imensamente o processo, e raramente a pessoa consegue evoluir, melhorar e purificar seus aspectos inferiores.

A visão otimista sobre esse processo é que o mesmo mecanismo, com intenção oposta, pode ser um instrumento poderoso de ajuda para quem precisa evoluir, mesmo que não tenha por si só essa compreensão.

Quando sentimos algo ruim provocado pelo comportamento inferior de qualquer pessoa, seja alguém muito próximo à nossa convivência ou alguém bem distante, a reação necessária para evitar a repetição disso é bem simples. Precisamos aprender a controlar os impulsos das emoções, controlar a impulsividade, respirar fundo (a respiração é um recurso importantíssimo) e buscar, dentro da pessoa que seria alvo da crítica, a presença do seu Eu Superior, da divindade dentro dela, que, por medos e armadilhas do ego, se distanciou da sua verdadeira essência. É nosso dever compreender que, mesmo sem ter consciência, essa pessoa precisa muito de ajuda. As pessoas normalmente impertinentes são seres distanciados de singular espiritualidade.

No começo, essa prática requer um pouco de treino, já que é necessário vigiar constantemente nossos atos, pensamentos ou projeções mentais em relação aos outros. É preciso vigiar os pensamentos e perceber se o que falamos a respeito das pessoas é positivo ou não, porque tudo é muito sutil.

Escuto todos os dias as pessoas criticarem seus governantes, seus políticos, órgãos públicos, sem perceberem que isso só intensifica as dificuldades, reforçando esses acontecimentos negativos graças ao psiquismo poluído e inconsequente daqueles que desconhecem os efeitos desses atos. Pois não percebem sua importância. Com certeza, isso é alienação e ignorância consciencial.

Precisamos aprender a, constantemente, encontrar partículas de Eu Superior ou de Deus em cada pessoa, fazendo o exercício diário de perceber que, quanto mais inferior for a personalidade da pessoa, mais distante de sua espiritualidade e desequilibrada ela está. Em outras palavras, precisamos desenvolver a compaixão!

Quando nos concentramos em perceber essa energia que cada um tem, mesmo sendo quase imperceptível ou parcialmente apagada, uma força positiva em prol da evolução daquela pessoa começa a crescer. Ter a consciência de que quem vive com esses hábitos negativos é alguém em desequilíbrio já é uma atitude positiva, porque traz o entendimento da situação, e isso diminui a intensidade dessa projeção reativa natural.

Em seguida, projetar na pessoa um pensamento positivo contrário ao que está em evidência também é providencial, pois gera enfraquecimento na personalidade negativa. E isso é muito simples, podemos fazer em silêncio, mentalmente, e, às vezes, até na frente da própria pessoa. Ou também, em um segundo momento, distante dela. Fazemos apenas uma mentalização rápida, imaginando a pessoa serena, feliz, consciente de seu erro, compassiva, cheia de amor, despertando para sua evolução.

Em alguns casos, em função do histórico longo de personalidade difícil e negativa, podemos duvidar do poder dessa prática simples; no entanto, basta um pequeno exercício mental nesse sentido e poderemos ver resultados nítidos aparecerem. Quando se leva a sério essa conduta, coisas incríveis acontecem. A criação desse hábito é o comprometimento com um mundo muito melhor e sem grandes esforços, pois os esforços acontecem no silêncio de nossos pensamentos e projeções mentais.

Quantas pessoas vivem dentro de igrejas, templos, centros, meditando, rezando, porém adoram condenar outras pessoas e dedicam algum tempo de seus dias para reclamar e criticar. Definitivamente, não é conduta de alguém que se considere espiritualizado. É sensato desejar que toda a população mundial adquira esse hábito, construa uma rotina de consciência espiritual, porque, quando isso acontecer, vamos avançar consistentemente degraus importantes de nossa evolução.

Depois de desenvolvermos habilidade nessa prática, passamos a criar uma concentração de energia parecida com aquela de quando tecemos críticas constantes, só que, dessa vez, com polaridade invertida, ou seja, positiva. O resultado disso é a construção de um campo de energia sutil extremamente benéfico à evolução de cada ser. Isso cria uma conexão de energias de orações, diga-se de passagem, uma meta maravilhosa para cada pessoa que se considera espiritualizada, porque se trata de uma vibração positiva concentrada. Essa rede de energia criada torna a prece da pessoa mais poderosa e mais intensa. Quanto mais prática nesse hábito, mais intenso e positivo é esse campo de energia, consequentemente, ocorre o aumento do estado de consciência, magnetismo pessoal e carisma, auxiliando não apenas na nossa evolução, mas na das outras pessoas e do planeta como um todo também.

Quando várias pessoas, ao mesmo tempo, começam a se dar conta dessa possibilidade, suas energias se conectam mesmo que inconscientemente. Quando essa conexão reúne mais e mais pessoas a cada dia, uma linda rede de energia se forma. Essa rede, cada vez mais coesa e estendida, estimula também mais pessoas a evoluírem. Esse alguém que está plugado à conexão de orações, pois ajudou a criá-la e a mantê-la, passa a ter mais força e poder pessoal, o que possibilita que sua capacidade de ajudar ao próximo fique cada vez mais lapidada. Essa é a chave!

Há tanta gente alienada neste mundo, infeliz e mesquinha, que, sem uma força muito intensa, ajudá-las não seria tarefa fácil. A criação dessas redes de orações pode melhorar muito o psiquismo das pessoas em desequilíbrio, lembrando que sempre que alguém conectado a essa rede faz uma oração ou mentalização positiva em prol de uma pessoa, essa recebe energia de quem faz a prece, bem como de todo esse campo de energia criado pela conexão.

Estamos falando de uma energia tão poderosa que, silenciosamente, já ajudou a evitar muitos conflitos, guerras, catástrofes. Uma energia tão linda e intensa que, constantemente, vem tirando pessoas dos leitos de morte, gerando curas espetaculares. São inúmeros os benefícios, não apenas lindos e incríveis, mas imprescindíveis para a condição atual do planeta. Quero alertar para o seguinte: sem a construção dessas conexões de energia de orações, será difícil mudar a mentalidade do nosso planeta.

O passo principal é eliminar a crítica, concentrando na projeção da divindade que há em cada ser. Em seguida, precisamos aprender a projetar pensamentos positivos contrários aos aspectos inferiores das pessoas. O próximo passo é mantermos continuamente esse hábito, para que o campo de energia se faça, fortifique e amplie. Tipos de oração, religião e crença não importam, somente a intenção e o foco. Quando não nos ligamos à conexão de orações antes de rezar para algo ou alguém, nossa energia fica menos intensa e não contribuímos para potencializar e realimentar a rede energética.

Vamos criar, juntos, esse campo energético, estendendo-o para o maior número de pessoas possível. Vamos trocar energias e bênçãos entre todos e mandar vibrações positivas para todas as pessoas, lugares, situações que necessitam. Vamos começar a acessar um universo simultâneo inacreditavelmente próspero e abençoado, que banhará a nossa vida com tanta luz e paz que nosso estado de graça será algo natural. Vamos viver em plena sintonia com Deus, uma Sintonia de Luz.

Na sequência, elaborei um resumo dos principais passos para você criar um campo energético de oração e ficar na *Sintonia de Luz*:

1 Suspenda toda a crítica, lamentação ou reclamação direcionada a você mesmo, aos outros e a situações, tanto verbal quanto mentalmente. Sempre que se perceber criticando algo ou alguém, controle-se e mude sua atitude.

2 Comece a buscar, dentro das pessoas ou situações que seriam alvo da crítica, uma chama divina. Compreenda que ela está bem distante de seu equilíbrio e de sua consciência espiritual. Encontrar uma chama divina na pessoa é desenvolver pensamentos de compaixão.

3 Projete mentalmente uma visão de que a pessoa se dá conta de sua necessidade de evoluir e desperta para a evolução. Imagine-a feliz, leve, amorosa e equilibrada. Você também poderá visualizar as pessoas ou situações envolvidas em luzes brancas e elevadas.

4 Use essa prática constantemente, o que manifestará um campo energético pessoal positivo, alimentando um estado de espírito equilibrado.

5 Mantendo constantemente esse hábito, foque as suas orações e mentalizações positivas em todas as pessoas que fazem parte de sua rede de amigos e pessoas que também realizam essa prática. É simples assim mesmo, pois basta que você deseje com uma intenção interna que a energia de suas preces seja dirigida a elas.

6 Foque suas orações e mentalizações positivas em todas as correntes de orações do mundo, de todas as religiões, filosofias, crenças. Assim, a energia se expande e se potencializa. Coloque uma intenção pura e dedicada para que a sua oração se una à oração de tantos, em todas as partes. A sensação é ímpar!

7 Com essa conexão, com mais força e confiança, inicie suas orações ou mentalizações positivas. Dessa vez, focando para as pessoas ou situações que precisam. Nesse momento, sentindo a energia da sua prece se expandir, por força da sintonia com as conexões de orações, você pode e deve desejar que essa energia seja enviada para todas as situações, pessoas ou acontecimentos que você entende precisar. Jamais comece uma prece se lamentando. Jamais comece uma prece pedindo por quem precisa. Sempre comece elevando-se a um estado mental e espiritual sutil e equilibrado, para somente depois começar a dedicar atenção a quem precisa, pois dessa forma tudo se transformará em sua vida e você se tornará um "rezador profissional".

O determinismo é a bactéria que pode infectar a busca pela espiritualidade. O antibiótico é a humildade e o discernimento do coração.

@BRUNOJGIMENES

CAPÍTULO 9

AVALIE-SE

AVALIE-SE:
COMO ANDA SEU ESTADO DE CONSCIÊNCIA? VOCÊ É ESPIRITUALIZADO?

A ideia desse teste é que você se questione o quanto é realmente uma pessoa espiritualizada, e se realmente seus passos são condizentes com uma busca pela elevação de sua consciência. Avalie serenamente cada item para sentir em quais exemplos você pode melhorar ou evoluir. Pontue as suas respostas e no final some para ver o resultado que consta na tabela. Periodicamente, refaça o teste para acompanhar suas melhorias.

1. Ficar sem fazer nada é algo danoso e nocivo, trazendo-lhe verdadeiro pânico.

    Verdadeiro ③   Falso ⓪   Às vezes ①

2. Não suporta a ideia de estar sozinho, pior ainda com a hipótese de não ter um relacionamento conjugal.

    Verdadeiro ③   Falso ⓪   Às vezes ①

3. Sente muita nostalgia nos momentos de silêncio. Simplesmente não consegue aceitar o fato de não ter o que fazer quando está parado.

    Verdadeiro ③   Falso ⓪   Às vezes ①

4. Não consegue fechar os olhos e relaxar, mesmo que seja por alguns minutos, sem que a sua mente não o atrapalhe com tantos pensamentos e distrações.

    Verdadeiro ③   Falso ⓪   Às vezes ①

5. Não se dedica a encontrar um tempo para olhar para dentro de si.

Verdadeiro ③   Falso ⓪   Às vezes ①

6. Quando começa a buscar se entender e se conhecer, olhando para dentro de você e da sua realidade atual, fica inquieto e se desequilibra.

Verdadeiro ③   Falso ⓪   Às vezes ①

7. Mau humor é algo presente em sua vida com frequência.

Verdadeiro ③   Falso ⓪   Às vezes ①

8. Não tem o costume de agradecer a Deus por tudo que tem ou que é.

Verdadeiro ③   Falso ⓪   Às vezes ①

9. Tem o costume de ir ao cemitério para visitar o túmulo de algum ente querido ou amigo, como se lá pudesse conversar com o falecido.

Verdadeiro ③   Falso ⓪   Às vezes ①

10. Quando alguém morre, chora muito, sente muito, se abala emocionalmente a ponto de perder o seu equilíbrio. Precisa de muito bastante para se recuperar do trauma.

Verdadeiro ③   Falso ⓪   Às vezes ①

11. Quando vai a um velório não sabe direito o que falar para as pessoas mais próximas do falecido, não sabe como se comportar.

Verdadeiro ③   Falso ⓪   Às vezes ①

12. Vai com frequência ao médico, toma vários remédios.

Verdadeiro ③   Falso ⓪   Às vezes ①

13. Busca muito as respostas de seus anseios nos outros. Não tem o hábito e não consegue encontrar respostas internamente.

Verdadeiro ③   Falso ⓪   Às vezes ①

14. Situações extremas, crises, doenças e problemas acontecem em sua vida, mas você não tem o costume de associar isso à necessidade de aprendizado. Não costuma compreender os sinais do universo, entendendo que são avisos para provocar suas mudanças evolutivas.

Verdadeiro ③   Falso ⓪   Às vezes ①

15. Não consegue fechar os olhos e se concentrar, mesmo que por apenas cinco minutos. Isso é uma tortura e os seus pensamentos não param.

Verdadeiro ③   Falso ⓪   Às vezes ①

16. Rezar é uma tarefa difícil, não consegue terminar uma oração, e quando ela é realizada, é feita de maneira mecânica e sem profundidade, fé e amorosidade.

Verdadeiro ③   Falso ⓪   Às vezes ①

17. Reservar minutos de sua rotina diária para ficar em silêncio e apenas observar a sua vida é algo impossível, bem como não reserva tempo para nutrir a sua espiritualidade. Ler um livro edificante, praticar uma meditação ou se dedicar ao seu equilíbrio espiritual é quase que um transtorno.

Verdadeiro ③   Falso ⓪   Às vezes ①

18. Entra na rotina do dia a dia e dificilmente procura pensar os seus papéis, a sua espiritualidade e a sua missão aqui na Terra.

Verdadeiro ③   Falso ⓪   Às vezes ①

19. É alienado da espiritualidade, não pensa no assunto, não medita, não reza, não faz nada além das coisas necessárias à sua sobrevivência, seu foco é a vida material. Carma, livre-arbítrio, Deus não são palavras do seu vocabulário.

Verdadeiro ③   Falso ⓪   Às vezes ①

20. Os problemas acontecem em sua vida de formas diferentes, com cenários diferentes, no entanto sempre com a mesma dificuldade. Acontecem ciclicamente, como se não se resolvessem.

Verdadeiro ③   Falso ⓪   Às vezes ①

21. Você não recebe elogios sinceros das pessoas. As pessoas quase não falam a seu respeito, e quando fazem, normalmente, não é para enfatizar suas qualidades.

Verdadeiro ③   Falso ⓪   Às vezes ①

22. Novidades em sua vida, só se for para coisas negativas, e mesmo assim considera que isso não é novidade nenhuma, afinal a sua vida é um fracasso mesmo!

Verdadeiro ③   Falso ⓪   Às vezes ①

23. Suas diversões preferidas passam longe de cachoeiras, lagos, natureza, verde, plantas, animais, bosques, jardins, Sol, chuva, belezas naturais, campo, mato, sítio, fazenda, parques etc.

Verdadeiro ③   Falso ⓪   Às vezes ①

24. Acha que sabe tudo!

Verdadeiro ③   Falso ⓪   Às vezes ①

25. Não se ama.

Verdadeiro ③   Falso ⓪   Às vezes ①

26. Sua alegria depende da existência de outras pessoas.

   Verdadeiro 3   Falso 0   Às vezes 1

27. Sua alegria depende principalmente de recursos materiais, bens, dinheiro.

   Verdadeiro 3   Falso 0   Às vezes 1

28. Dedica tempo demais para cuidar de seu corpo físico e de sua aparência. A evolução da sua consciência espiritual não está em primeiro lugar na sua lista de prioridades.

   Verdadeiro 3   Falso 0   Às vezes 1

29. Não se importa com a consequência de seus atos.

   Verdadeiro 3   Falso 0   Às vezes 1

30. Não admira a beleza natural no dia a dia (Sol, chuva, plantas etc.).

   Verdadeiro 3   Falso 0   Às vezes 1

31. Acha que a morte é o fim.

   Verdadeiro 3   Falso 0   Às vezes 1

32. Vive no piloto automático, nem percebe a vida passar.

   Verdadeiro 3   Falso 0   Às vezes 1

33. Não faz o que gosta (estilo de vida, trabalhos), sua vida está sendo conduzida em função das coisas que são convenientes para o seu comodismo apenas.

   Verdadeiro 3   Falso 0   Às vezes 1

34. Nem imagina qual é a missão da sua alma.

   Verdadeiro 3   Falso 0   Às vezes 1

35. Acha que doenças, transtornos, crises, problemas são apenas marés de má-sorte. Não costuma vincular esses eventos à necessidade de evoluir e corrigir atitudes.

Verdadeiro (3)   Falso (0)   Às vezes (1)

36. Seu tipo de conversa sempre envolve temas como remédios, doenças, desgraças, problemas e crises.

Verdadeiro (3)   Falso (0)   Às vezes (1)

37. Vive reclamando da vida ou se lamentando.

Verdadeiro (3)   Falso (0)   Às vezes (1)

38. Vive criticando as pessoas.

Verdadeiro (3)   Falso (0)   Às vezes (1)

39. Não consegue perdoar facilmente.

Verdadeiro (3)   Falso (0)   Às vezes (1)

40. Sente-se vítima da vida e das situações adversas. Tem o costume de achar culpados.

Verdadeiro (3)   Falso (0)   Às vezes (1)

CLASSIFICAÇÃO	RESULTADO
0 a 13 pontos = A	Ótimo, você vive sua vida com consciência espiritual aguçada. Pode se considerar uma pessoa conectada com Deus que faz bem feita a sua parte no plano físico.

14 a 33 pontos = B	Você é uma pessoa desperta para a consciência espiritual. Já começa a compreender que tudo tem um porquê. Está se abrindo para o universo e esse estilo de vida tende a facilitar muito a sua caminhada nesta existência.
34 a 62 = C	Você ainda está em uma zona de alienação espiritual. Embora haja evidências de que você seja uma pessoa com consciência espiritual, ela ainda está adormecida, o que pode dificultar muito a sua caminhada nesta vida. Tende a sofrer com situações que acontecem sem que você entenda o motivo, por isso também não consegue contorná-las ou resolvê-las.
63 a 98 = D	Você está em uma situação de total negligência espiritual. Isso quer dizer que você não compreende algumas leis naturais básicas, o que pode prejudicar muito a sua caminhada nesta existência, fazendo com que haja necessidade da dor, da doença ou de crises para que você evolua. É uma situação preocupante porque traz a tendência de ataques obsessivos.
99 a 120 = E	Sua existência está em total desequilíbrio. Você tem a tendência a conturbar a vida das pessoas e da coletividade em geral. Forte tendência para vícios e parasitas energéticos. Grande propensão a distúrbios mentais e emocionais.

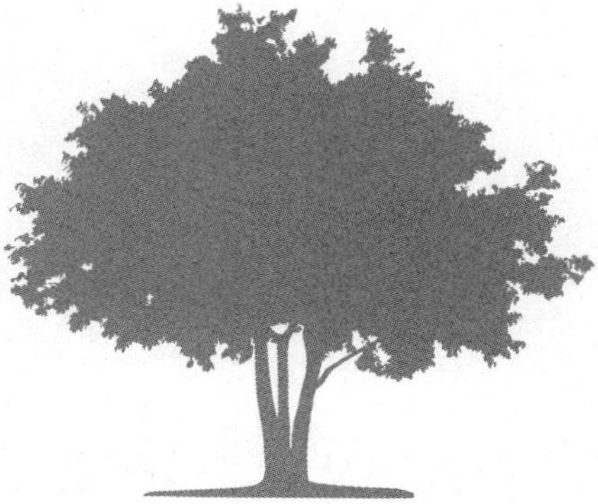

O melhor da ilusão é quando vem a desilusão, para ensinar que os interesses da alma prevalecem aos interesses do ego.

@BRUNOJGIMENES

CAPÍTULO 10

DICAS DE CONSCIÊNCIA

18 DICAS PARA A EVOLUÇÃO DA CONSCIÊNCIA

1. Sua consciência é imortal. Seu corpo físico até pode vir a óbito, mas sua consciência é uma energia, e energia nunca se perde.
2. Para toda ação que você faz, há uma reação, por isso você não é vítima de nada. Tudo que está colhendo em sua vida hoje é resultado do que plantou no passado. Se não plantou nada, certamente estará colhendo qualquer erva daninha que nasceu sem querer. Mude o agora para colher um futuro melhor.
3. O pensamento é que cria ou transforma a sua realidade. Os pensamentos são os geradores dos estados de espírito. Se você souber moldá-los positivamente, também moldará um futuro positivo.
4. Você cocria o futuro o tempo todo. A sua forma de reagir à vida e aos acontecimentos pode alterar o seu futuro o tempo todo, e, mesmo que tudo indique fracasso, ainda assim seu foco mental e sua espiritualidade podem transformar tudo para melhor. E isso ocorre dessa forma o tempo todo.
5. Não existem gurus. Você é o maior mestre da sua existência e responsável por sua evolução. As pessoas mais sábias ao nosso redor podem nos ajudar a compreender melhor os nossos papéis, no entanto jamais podem executá-los por nós. Assuma definitivamente as rédeas da sua vida, você é o gerente desse processo.
6. Você não precisa de religião para se espiritualizar, mas esta pode contribuir, se usada com discernimento. A consciência do coração é o seu maior guia.
7. Todos temos a capacidade de alterar as emoções e o psiquismo de qualquer lugar e pessoa. Quando irradiamos um estado de espírito positivo, conscientemente podemos influenciar multidões a agirem da mesma forma, gerando grande melhora

em tudo que tocamos, nos lugares que frequentamos etc. Agindo assim, conscientemente, passamos a ser colaboradores de Deus no processo evolutivo, e isso é se tornar um ótimo exemplo para a Humanidade.

8. Você é pura energia e o tempo todo a manipula e transforma. Todo pensamento, emoção e sentimento gera uma energia, por isso pode criar essa força o tempo todo. A questão de a polaridade ser positiva ou negativa é uma escolha sua.
9. É sensato que você aprenda a se transformar em um gerador de luz, deixando que essa força se expanda cada dia mais, abrangendo todos os seres e ambientes. A busca diária e consciente por um estado de espírito elevado é o instrumento edificante desse processo, que requer disciplina e dedicação constante. Desenvolver a espiritualidade é assumir e cumprir compromissos com a sua própria essência.
10. Somos Deus em essência, feitos à imagem e semelhança Dele. Isso não quer dizer que temos a aparência física Dele, no entanto temos a capacidade de vibrar, gerar e emanar as mesmas bênçãos que Ele possui, seja Ele quem for.
11. As respostas aos seus anseios estão dentro de você mesmo, que precisa aprender a buscar no seu interior, evitando a busca desenfreada por soluções e respostas no externo.
12. A busca pelo desenvolvimento da espiritualidade nunca termina. Pelo amor ou pela dor, em algum momento, você vai se render à necessidade de buscá-la, por isso comece o quanto antes. Isso facilita as coisas e torna a vida mais prazerosa, sem a necessidade da dor.
13. "Orai e vigiai" é um dos instrumentos mais importantes nessa busca. Manifesta a necessidade de cuidar, com atenção, de todas as coisas que você produz em seus pensamentos, tendo a consciência de que tipo de energia está gerando

para o universo e para si, a qual, por consequência, poderá aproximar acontecimentos na mesma frequência.

14. O livre-arbítrio é uma ferramenta que deve ser utilizada com sabedoria. A liberdade existe, a reação também, pense sempre que todos os atos geram consequências. Atos positivos, consequências também positivas. O inverso obedece à mesma lei.

15. O universo se comunica o tempo todo com você por meio de sinais, "flechas dos anjos". É preciso melhorar a recepção desse sinal cósmico. Aprenda a aproveitar todas as dicas que surgem sutilmente por meio de pessoas, situações e acontecimentos que soam como coincidências. Essas não existem, o que há é uma energia de sincronicidade que faz as coisas parecerem meras eventualidades. Aprenda a aproveitá-las sempre.

16. Você tem uma missão a ser realizada nesta existência e precisa se alinhar a ela. Não dá para achar que seu único propósito aqui na Terra é apenas trabalhar, sobreviver e pagar as contas. Só ser bonzinho não resolve o problema do planeta. Tem que evoluir, e isso significa muito mais do que defender os interesses do mundo material.

17. A solução dos seus problemas não está em outra pessoa. As pessoas ao seu redor podem ser gatilhos de sua evolução, bem como podem ser amparadores dessa jornada, jamais salvadores, tampouco culpados. O milagre é a sua capacidade de transformar problemas e oportunidades de evolução em crescimento espiritual.

18. A gratidão e a meditação são exercícios diários para mantê--lo em contato direto com a sua espiritualidade. Se você não aprender a ser grato pelo que tem, jamais vai conseguir conquistar sucesso, paz e saúde. Aprenda a se alimentar das coisas simples da vida. Compreenda a essência da sua existência e livre-se da miopia consciencial e do egoísmo.

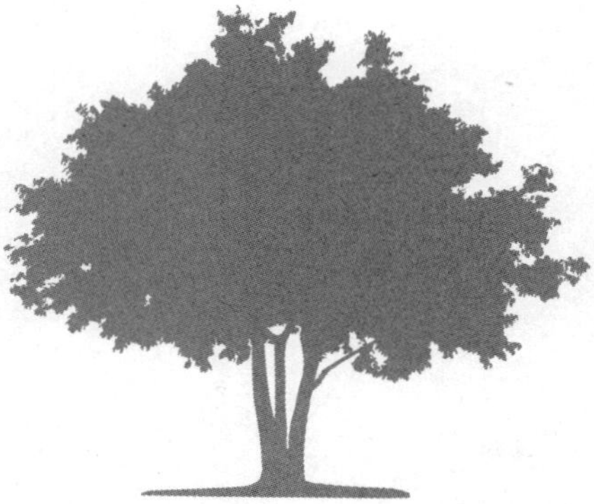

A melhor religião é a da orientação interior, do coração. A melhor filosofia é a de fazer o bem.

CAPÍTULO 11

MENSAGEM FINAL

ENFRENTANDO O CAOS

Quando comecei a escrever este livro, o Brasil chorava a perda de muitas pessoas em função da queda de um avião lotado sobre a região da Amazônia. Muita dor, sofrimento e tristeza por parte dos familiares e amigos. O governo mobilizando forças, concentrando muita energia para entender as causas do problema e evitar recorrências futuras. Um trauma na memória de todos os envolvidos direta ou indiretamente.

Quando escrevia os últimos capítulos, um novo desastre aéreo aconteceu. Dessa vez, com proporções maiores e mais trágicas. Possivelmente uma data que jamais será esquecida para a cidade de São Paulo. Quantas perdas, quanta dor, quanto sofrimento, quanta confusão e quantas emoções negativas afloradas.

Nessa mesma época, liguei a televisão e assisti a repetidas notícias sobre devastações naturais causadas por excesso de chuva, tempestades, furacões etc. Era notório um aumento no número de catástrofes e tragédias. Isso serve de argumento para considerar, com certo nível de confiança, que a frequência dessas ocorrências caóticas está aumentando consideravelmente. Será mesmo? Vale refletir...

São inúmeras as fontes que citam, com grande precisão de detalhes, que viveremos momentos de transição para podermos nos aperfeiçoar em todos os aspectos de nossa existência. Inclusive, que esse movimento está chegando ao seu ápice, ou seja, as mudanças estão se intensificando. Não vou ficar me aprofundando nesse tema, pois essas profecias diferem quanto às fontes e origem. No entanto, convergem entre si quanto ao foco das previsões. São previsões místicas, esotéricas, astrológicas, extraterrestres, espíritas, orientais, ocidentais, entre outras.

Alguns anos atrás, era possível até ignorar isso tudo, concluindo que não passavam de falsos presságios. Só que agora não dá mais para duvidar das evidências. Estamos vendo as coisas se concretizando a cada dia. Mas será mesmo que estamos enfrentando momentos de tragédias ou de transformações necessárias para um mundo melhor?

Não precisamos ser profetas para perceber que o caos está aumentando, mas não como ação de um Deus que castiga, e sim por consequência de nossos atos falhos. Basta analisar e ver que a natureza está reagindo firmemente contra todas as agressões que fizemos contra o planeta, e por isso alguns acidentes e catástrofes naturais vêm acontecendo com intensidade alarmante.

Penso no número de pessoas indo ao desespero todos os dias, chorando perdidas e desorientadas. Penso no nível de dor e sofrimento que cada um de nós pode estar sentindo diante de tantos desentendimentos, confusões e afastamento da verdadeira finalidade de cada um neste planeta.

E essa reflexão me instiga a questionar: como uma pessoa que não desenvolve sua consciência espiritual pode suportar a perda trágica de um filho ou parente querido? Como alguém que não busca compreender os mecanismos do universo pode assimilar tantas mudanças e crises aparentes? Analisando de maneira racional, isso é praticamente impossível.

Por isso até agora só temos conseguido evoluir com a ação da dor e do sofrimento. E isso é uma triste constatação. É o mesmo que dizer que só aprendemos apanhando. Estamos tão alienados da nossa verdadeira missão na Terra que, se não recebermos um belo empurrão, jamais aprenderemos. Portanto, está aí todo esse caos para nos proporcionar isso, e também está aí toda essa abertura espiritual para nos mostrar que podemos mudar e que podemos aprender pelo amor.

A maioria das pessoas está com a atenção voltada para interesses desalinhados em relação às necessidades da alma. Penso que temos de aprender a nos divertir, descansar, curtir a vida, tudo isso de forma equilibrada e com bastante discernimento, todavia não dá para fazer disso o maior foco de nossas vidas. Quero deixar bem claro que não sou contra as diversões ou os lazeres, pelo contrário, são muito importantes para nossa energia pessoal e plenitude. Mas o que vemos são pessoas cultivando uma idolatria para com artistas, cantores e outras personalidades da mídia mundana. Claro que é admirável ver muitas celebridades com qualidades que encantam as pessoas e muitas vezes são exemplos de sucesso. Mas isso tudo mostra, nas entrelinhas, que existe um desequilíbrio gigantesco com relação aos propósitos de cada um nesta existência.

Quando um problema grave acontece na vida de pessoas alienadas à necessidade de nutrir a espiritualidade, realmente elas se sentirão injustiçadas, vitimizadas e inconformadas. Jamais irão entender os mecanismos que regem todos os acontecimentos da vida.

Por isso, decidi escrever este livro, com uma motivação forte que nasceu do entendimento de que as pessoas que não buscam sua espiritualidade, mais hora, menos hora, sofrerão muito, como resultado da alienação consciencial em que vivem. Percebo que a consciência de coisas tão simples pode fazer toda a diferença para a evolução de cada alma. Por isso, quando paro para pensar no número de pessoas que sofrem e que apenas uma consciência mais elevada e espiritualizada poderia trazer a cura, encho-me de esperança. Sinto, de coração, que dicas simples podem gerar incríveis resultados. E essa mesma força me traz um vislumbre: se compreendermos a nossa missão neste planeta, poderemos nos tornar terapeutas de nós mesmos, iluminando-nos de dentro para fora, permitindo que um sol nasça em nossas consciências.

Quando assimilarmos isso, com certeza aprenderemos a nos cuidar melhor. Cuidando-nos melhor, muitas consultas ao médico poderão ser eliminadas, apenas desenvolvendo o hábito de rezar, meditar etc. Com essa nova forma de agir, passaremos a ter verdadeiramente um plano de saúde. Digo isso porque os atuais planos de saúde não garantem que teremos saúde, apenas que poderemos ser amparados quando os problemas surgirem, e isso não é saúde! Refiro-me à capacidade de criar uma conduta capaz de produzir saúde em todos os aspectos de nossa existência: físico, emocional, mental e espiritual. Esse é o verdadeiro plano de saúde, criado pela boa conduta de cada um.

Essa esperança e essa possibilidade podem nos encher de energia, pois todos os dias as pessoas estão se iluminando, mesmo que timidamente, acendendo uma chama interior. Isso tudo é tão encantador, esse universo de possibilidades de crescimento pessoal e de terceiros se ligando ininterruptamente como uma reação em cadeia. É como se tivéssemos uma vela acesa e pudéssemos acender outras, esperando seus momentos com todas as condições necessárias. Penso no foco de luz que isso vai gerar, construindo um motor forte para empurrar a evolução deste planeta tão lindo mas tão agredido.

Esses são fatores motivantes de sobra para inspirar qualquer pessoa a escrever um livro, bem como praticar inúmeras atitudes em prol desse fluxo evolutivo.

Por isso, de coração aberto, desejo que você tenha aprendido algo com este livro, e que esses aprendizados alavanquem sua evolução. Mais do que isso, que você possa começar a desenvolver, a cada dia, atitudes condizentes com esse movimento lindo, e, quando sentir a maravilhosa energia que está por trás disso, que você possa se render à força e à ação balsâmica de tanta luz e bem-aventurança.

Um anjo na Terra
Recebido espiritualmente

Uma vez um anjo me disse: Para ser feliz não precisa dinheiro, não precisa vender ou negociar, precisa amor verdadeiro.

Ele me disse que o dinheiro é importante, também ajuda a ser feliz, mas que não encontra alegria aquele que não sabe ser aprendiz. Aprender a ser humilde, a esperar, a aceitar, a abrir a mente e superar-se. Transmutar a dor em amor e o choro em louvor

@BRUNOJGIMENES

Esse é um movimento da vida, que cura qualquer ferida e traz a paz. Aflora em cada ser a maturidade, eleva o espírito e abre o coração.

Enxerga dentro de si e através de um irmão.

Esse anjo me disse: Torne-se um anjo também, pois nesse alguém reside a força do bem, o bem sem olhar a quem.

Para querer dar para quem tem ou não tem, um sorriso ou amém,

@BRUNOJGIMENES

para além do além, sem preconceito de ninguém.

Não sabia que era possível, eu um anjo também? Como assim, se sou tão imperfeito?

O anjo disse: Você tem por direito, é quase perfeito, como um diamante a lapidar.

Seu coração é bruto, mas por força e muito custo, se quiser, num impulso, sua vida vai mudar.

@BRUNOJGIMENES

Mudar para melhor, num pulso do amor. Limpar-se da dor de um medo sem explicação, que tranca a evolução e impede a missão de um anjo se tornar.

Um anjo presente, no dia a dia dessa gente, já sem força ou esperança, para Deus encontrar.

Seja um anjo! Um anjo diferente, sem asas para voar, que com amor e compaixão transforma sua missão em fé e devoção. Estenda sua mão e toque em um irmão para a consciência clarear. Veja que a vida é um presente, nem precisa ser vidente, para ver que essa gente não sabe nem rezar.

Encontre a escola da alma e passe a frequentar, aprender a transmutar, ficar leve, irradiar.

O mais lindo brilho celeste, para limpar essa peste, a ignorância. Transformar a arrogância e brotar a esperança.

@BRUNOJGIMENES

Como a luz de um trovão, encher o coração de amor e compaixão.

Não há limite algum, alma a alma, um a um, para os corações aproximar, o ego transmutar, e aqui na Terra, sem dor ou mistérios, um anjo se tornar.

Um anjo não é um ser, mas um estado de consciência.

Seja um Anjo!

@BRUNOJGIMENES

Fique com Deus! Muita luz no seu coração! Que você possa se tornar um anjo na Terra, cheio de consciência e paz interior.

Nós somos um só,
eu sou o outro você!
Você é o outro eu!
Eu sou Nós!
Eu sou Nós!
Eu sou Nós!
Com todo o meu amor,
respeito e gratidão.

Até a próxima.

@BRUNOJGIMENES

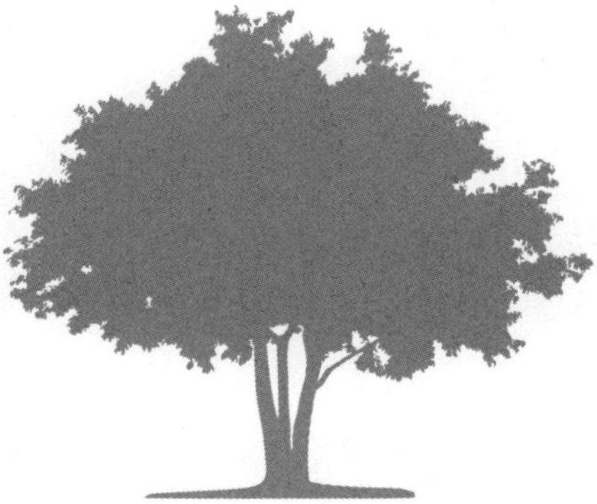

FONTES CONSULTADAS

BORGES, Wagner. *Ensinamentos extrafísicos e projetivos*. São Paulo: Madras, 2005.

CARVALHO, Vera Lucia Marinzeck de. *Morri! E agora?*. São Paulo: Editora Petit, 2004.

CHOPRA, Depack. *Cura quântica*. Rio de Janeiro: Editora Best Seller, 2006.

GIMENES, Bruno J. *Decisões*: encontrando a missão da sua alma. Nova Petrópolis: Luz da Serra, 2007.

HANH, Thich Nhât. *A energia da oração*. Rio de Janeiro: Vozes, 2006.

MAES, Hercílio. RAMATÍS. *Fisiologia da alma*. 15ª edição. Limeira: Editora do Conhecimento, 2006.

_____. RAMATÍS. *Sob a luz do espiritismo*. 3ª edição. Limeira: Editora do Conhecimento, 2003.

PARANHOS, Roger Botini. *Sob o signo de Aquário*. 4ª edição. Limeira: Editora do Conhecimento, 2006.

REDFIELD, James. *O segredo de Shambhala*. Rio de Janeiro: Objetiva, 2001.

SOLARA. 11:11. *Abertura dos portais*. São Paulo: Madras, 2006.

STONE, Joshua David. *Sua missão ascensional*. 10ª edição. São Paulo: Pensamento, 2000.

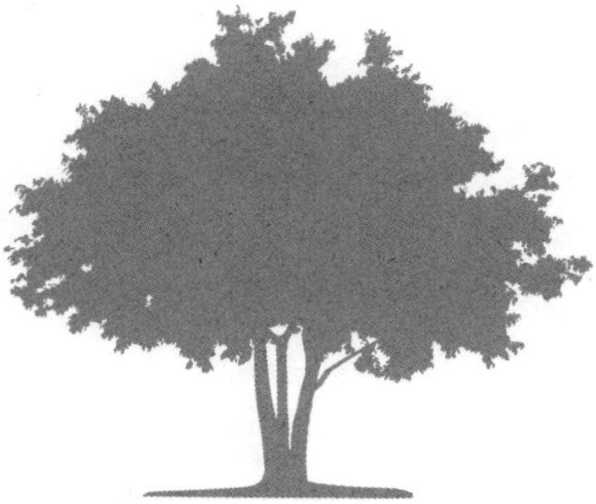

Transformação pessoal, crescimento contínuo, aprendizado com equilíbrio e consciência elevada.

Essas palavras fazem sentido para você?

Se você busca a sua evolução espiritual, acesse os nossos sites e redes sociais:

iniciados.com.br
luzdaserra.com.br
loja.luzdaserraeditora.com.br

luzdaserraonline
editoraluzdaserra

luzdaserraeditora

luzdaserra

Luz da Serra
EDITORA

Avenida 15 de Novembro, 785 – Centro
Nova Petrópolis / RS – CEP 95150-000
Fone: (54) 3281-4399 / (54) 99113-7657
E-mail: loja@luzdaserra.com.br